»Schön, wenn einmal so ein Herz über einem aufgeht, gar nicht erst in seinem ersten Viertel, gleich wie der ganze Mond in seiner vollkommensten Nacht ...«, schrieb Rilke später über seine erste Begegnung mit Claire Goll.

Claire Golls und Rilkes Korrespondenz beginnt 1918, kurz nach ihrer ersten Begegnung in München. Aus dieser frühen Zeit der Beziehung sind nur Rilkes Briefe erhalten, die trotz ihrer Verhaltenheit zeigen, daß bald eine innige Freundschaft und mehr den 43jährigen und die 28jährige verbinden. Sie tauschen sich über ihre Werke aus, spenden einander Trost und schreiben sich mit leidenschaftlicher Sehnsucht.

Nach Wochen vertrauter Gemeinsamkeit reist Claire 1919 nach Berlin, hin- und hergerissen zwischen ihrer Liebe für Yvan, den sie im Jahr 1917 in Genf kennengelernt hatte, und ihrer Leidenschaft für Rilke. Anfang 1919 kehrt Claire in die Schweiz zurück, ohne Rilke noch einmal gesehen zu haben.

Von 1920 bis 1923 tritt in der Korrespondenz eine Pause ein, und erst im Februar 1925 sehen sich die beiden wieder. Es gibt keine unmittelbaren schriftlichen Äußerungen über diese Begegnung, doch spricht Claires Brief vom April 1925 eine sehr deutliche Sprache: »Ist man doch so beschenkt, wenn man Dich nur ansieht, geschweige wenn man Dich hört ... Du weißt ja, daß ich seit acht Jahren noch nicht wagte zu erfahren, ob Du es bist oder der liebe Gott.«

Die Originalhandschriften der Korrespondenz zwischen Rainer Maria Rilke und Claire Goll werden im Deutschen Literaturarchiv Marbach am Neckar aufbewahrt. Im vorliegenden Band werden zusätzlich sieben Gedichte Rilkes in französischer Sprache veröffentlicht, die dieser im Februar 1924 als kleines handgebundenes Buch an Claire Goll gesandt hatte und die 1926 unter dem Titel *Vergers* im Verlag der ›Nouvelle Revue Française‹ in Paris erschienen sind. Außerdem ist auch das lange unveröffentlicht gebliebene und verschollen geglaubte Manuskript *Gefühle. Verse von Claire Studer* enthalten, das sich im Archiv des Insel Verlags Leipzig, wiederfand.

insel taschenbuch 2868
Rainer Maria Rilke
Claire Goll
»Ich sehne mich sehr
nach Deinen blauen Briefen«

»Ich sehne mich sehr
nach Deinen blauen Briefen«

RAINER MARIA RILKE
CLAIRE GOLL
BRIEFWECHSEL

Herausgegeben
von Barbara Glauert-Hesse

Insel Verlag

Herausgeberin und Verlag danken Frau Dr. Barbara Wiedemann
für die Übersetzung der französischen Texte und Gedichte.

insel taschenbuch 2868
Erste Auflage 2003
Insel Verlag Frankfurt am Main und Leipzig
© Wallstein Verlag, Göttingen 2000
Alle Rechte vorbehalten,
insbesondere das der Übersetzung, des öffentlichen Vortrags
sowie der Übertragung durch Rundfunk und Fernsehen,
auch einzelner Teile.
Kein Teil des Werkes darf in irgendeiner Form
(durch Fotografie, Mikrofilm oder andere Verfahren)
ohne schriftliche Genehmigung des Verlages reproduziert
oder unter Verwendung elektronischer Systeme
verarbeitet, vervielfältigt oder verbreitet werden.
Hinweise zu dieser Ausgabe am Schluß des Bandes
Vertrieb durch den Suhrkamp Taschenbuch Verlag
Umschlag nach Entwürfen von Willy Fleckhaus
Satz: Wallstein Verlag, Göttingen
Druck: Memminger MedienCentrum AG, Memmingen
Printed in Germany
3-458-34568-X

1 2 3 4 5 6 – 08 07 06 05 04 03

Inhalt

Briefe	5
Claire Goll *Rilke und die Frauen*	83
Gefühle. Verse von Claire Studer	93
Anhang	121
Zu dieser Edition	123
Bibliographie	127
Anmerkungen	131
Nachwort	185
Gedichtregister	207
Namenregister	208

1. AN CLAIRE STUDER IN MÜNCHEN

München, Ainmillerstraße 34^{IV}
Sonntag. [17.11.1918]

Verehrte Frau,

es ist ein Moment, da mir die schweizer Grüße, die ich durch Sie empfangen darf, ganz besonderes Wohlthun bereiten werden; aber nicht deshalb allein begrüße ich unsere Begegnung mit Freude.

Ich bin, seit lange, ein Freund Ihrer Gedichte: so hat mich schon Ihre frühere Sendung der ›Mitwelt‹ nahe berührt –, aber es lag an den Umständen der Zeit, daß mein wirklich gefühlter Dank nicht zur Aussprache kam. Dies nun persönlich nachholen zu dürfen, ist eine unverdiente Vergünstigung für mich.

Gestern war es leider zu spät geworden, und heute steht es so: ich muß Nachmittag mit dem Besuch eines Freundes rechnen, kann deshalb nicht ausgehen, wäre aber umso froher, Sie bei mir erwarten zu dürfen. Nach Ihrer Wahl, gleich nach Tisch am frühen Nachmittag oder am späteren, zur Theestunde. Darf ich Sie bitten, falls dieser Brief nicht dadurch, daß ich Sie jetzt im Hôtel finde, überflüssig wird, mir am Telephon zu sagen, (33313), ob ich mich heute auf Sie freuen darf?

Auf das Ergebenste
Ihr
Rainer Maria Rilke.

2. AN CLAIRE STUDER IN MÜNCHEN

[München] Ainmillerstraße 34^IV
(Tel: 33313)
Montag, [18.11.1918]

Kein Zweifel, daß ich solches Hindernis Ihrem Kommen nicht bereiten werde: selbstverständlich gehorche ich der schwarzen Madonna und Ihnen, Liliane Studer; es steht bei Ihnen, mir morgen die Stellen in Ihrem Buche zu bezeichnen, die ich später werde aufschlagen dürfen.

Die kleine Madonna, in ihrer wunderbaren Durchdringung von Schlichtheit und Glanz, sieht ganz so aus, als könnte sie viel für einen thun; zunächst hat sie mir, in Ihnen, Freude und Staunen des gestrigen Abends bereitet.

Schön, wenn einmal so ein Herz über einem aufgeht, gar nicht erst in seinem ersten Viertel, gleich wie der ganze Mond in seiner vollkommensten Nacht –, nein, mehr: den[n] völlig ohne eine abgewendete Seite.

Auf morgen abend.

Rainer Maria Rilke.

3. AN CLAIRE STUDER IN MÜNCHEN

[München, Ainmillerstraße 34^IV]
[23.11.1918]

Dank! Immerfort kommt Herzliches von Dir zu mir, Liliane. Noch weiß ich nicht, wieviel Zeit ich Dir heute geben kann –, aber jedenfalls komm ich zwischen drei und vier zu Dir, Dich begrüßen und hoffe, ich kanns einrichten, eine ruhige tiefe Weile bei Dir zu sein.

Guten Morgen.
Rainer.

4. AN CLAIRE STUDER IN MÜNCHEN

[München, Ainmillerstraße 34^{IV}]
[25.11.1918]

Gestern, Liliane, gestern hab ich mich ungemein zur Wehr gesetzt –, und war doch so froh, als Deine Stimme (die im Telephon nah und unentstellt klang) das Schweigen brach.

Dafür laß uns morgen den ganzen Tag – von $^1/_2$ 12 an – einander gehören, so daß Du auch das Mittagessen mit mir einnimmst – ja? Rechne damit.

Was wollt ich Dir für Blumen schicken! Aber ich hab keine Wahl.

Der, den Du nicht nennst.

(Um $^1/_2$ 12 also morgen, vor dem Bild!)

5. AN CLAIRE STUDER IN MÜNCHEN

[München, Ainmillerstraße 34^{IV}]
[26.11.1918]

Die Geschwister

*

O wie haben wir, mit welchem Wimmern,
Augenlid und Schulter uns geherzt.
Und die Nacht verkroch sich in den Zimmern
wie ein wundes Thier, von uns durchschmerzt.

Wardst Du mir aus allen auserlesen,
war es an der Schwester nicht genug?
Lieblich wie ein Thal war mir Dein Wesen,
und nun beugt es auch vom Himmelsbug

sich in unerschöpflicher Erscheinung
und bemächtigt sich. Wo soll ich hin?
Ach mit der Gebärde der Beweinung
neigst Du Dich zu mir, Untrösterin.

* *

Laß uns in der dunkeln Süßigkeit
nicht der Thränen Richtung unterscheiden.
Bist Du sicher, daß wir Wonnen leiden
oder leuchten von getrunknem Leid?

Meinst Du weinend, daß Entbehrung weher
als ein eigenmächtiges Geben sei?
Wenn die Menge einst der Aufersteher
uns entschwistert, und wir, irgend zwei,
bei der jäh enttötenden Fanfare
taumeln aus dem aufgestürzten Stein:
o wie wird dann diese sonderbare
Lust zu Dir den Engeln schuldlos sein.

Denn auch sie ist tief im Geiste, siehe:
in dem Strahlenden, der brennt und braust.
Und dann hilfst Du mir auf meine Knie
und dann kniest Du neben mir und schaust.

* * *

Der glücklichen Liliane / aus den
Papieren des gestrigen Abends.
                              Rainer.

6. AN CLAIRE STUDER NACH BERLIN

[München, Ainmillerstraße 34^{IV}]
Sonntag [29.12.1918]

Siehst Du, siehst Du, so unüberwindlich ist mir das Schriftliche, daß ich's nicht einmal über mich bringe, zu schreiben: Liliane –,

ob ich gleich kein weißes Blatt vor mich legen kann, ohne daß Dein Feuerschein drüberfällt. Hab ich denn so Helles in Dir angefacht? Solchen Herz-Brand?

Liebes Kind, und fühlst nun zu mir zurück, – statt weiter fort ins Offene, wohin es Dich doch hineinreißt, auch mit *dieser* Kraft, auch mit der Kraft zu mir!

Und bist jetzt bei Deiner unbegreiflich schönen Freundin, schlägst in sie über, voll, wie Du bist, meiner. Mir ist's wie ein heiliger Schrecken, daß ich dabei bin; sag ihr nur, ich mach mich leicht leicht in Dir, um nur mit meinem Göttlichsten an sie zu rühren in Deiner Umarmung.

Glaub nicht, daß ich Weihnachten ganz ohne Dich zugebracht habe; Deine Klage that mir Unrecht, und so hast Du sie schnell mit einer Tröstung eingeholt.

Die Dinge, die Du mir versprichst, hab ich noch nicht; aber wunderbare Freude, sie zu erwarten. Auch ein kleiner Gegenstand, den ich Dir bestimmt habe, muß sich verspäten, vielleicht noch um eine Woche, vielleicht um zwei –, es war etwas zu handwerkern an ihm, das braucht jetzt Weile. Geduldst Du Dich? – Fast sehe ich Dich nicht in Geduld, außer, wenn ich an jene Stille denke mitten in Deiner Zärtlichkeit.

Willst Du wissen, daß bei mir im Eßzimmer ein kleiner silbern behängter Baum steht und sogar ein zweiter auf dem Sofatisch im Arbeitsraum –, Rosa hat sich diese Zurüstung nicht ausreden lassen.

Segne mir das Jahr, Liliane, in Deinem Herzen und, wenn Du soweit bist, so reich mir Ruhe herüber, Zukunft und Natur: diese drei.

Wenn ich, abends im Dunkel, an ganz gestreckten Armen die flachen Hände öffne, so entsteht oben an ihnen das Gefühl von Deinem spanischen Tuch. Und immer mehr glaub ich, daß dieses Tuch nichts anderes ist, als ein Zauber, in dem eine Berührung Deines Leibes mit einer Nacht sich plötzlich, als ein Geweb, schwermüthig und zärtlich, erhalten hat.

Rainer.

7. AN CLAIRE STUDER NACH ASCONA

[München, Ainmillerstraße 34^{IV}]
Sonntag. [9.3.1919]

Es beschämt mich, Liliane, daß ich so wenig übertrieben habe, als ich Dir, nach dem Augenmaaß, ein langes Schweigen versprach; es ist nun wirklich ein schönes Continuum, et je ne l'interromps que pour le rhythmer un peu –.

Dabei hab ich Dir für viele Sendungen zu danken: für diese rein entschlossenen Bücher Iwan Goll's vor Allem; Duhamel und Elie Faure konnte ich jetzt nicht lesen, unmöglich für mich, auf Vorgänge der letzten Jahre einzugehen, nicht als ob ich sie vergessen wollte, sie werden immer unter den Antrieben zur Zukunft sein, aber vor dem Aug mag ich nur sie haben, die Zukunft, so wenig sich in ihr erkennen läßt.

Schöne Gedichte hab ich zu schönen Gedichten von Dir gelegt,

     aber heute kam sogar, vom Baseler Kunstverein, der Katalog der Rodin-Ausstellung: auch noch eine Folge Deines für-mich-Unermüdlich-seins. Er hat mir zwar nicht, wie ich hoffte, eine Abbildung der Papst-Büste, aber mehrere Daten gebracht, die mir willkommen sind.

Um konsequent unbescheiden zu sein, würd ich Dir gerne zumuthen, mir auch noch den neuen Maeterlinck (von 1917) L'Hôte Inconnu zu verschaffen: willst Du? Meine Schulden bei Dir müssen schon beträchtlich sein. Duhamel und Faure sind wahrscheinlich aus Deinem Besitz –, die bring ich Dir mit, ja, und Deinen Shawl, der bei mir aufbewahrt ist: ich hab es als ein Fest begangen, daß er nicht verloren ist.

Freilich, wann ich Dir ihn bringe – nicht abzusehen. Meine Thür ist immerzu verschlossen, ich lebe mit einigen großen Büchern, wenn auch nicht in *meinem* Geiste, so doch in der Besinnung einiger merkwürdiger Menschen, auf die mein Inners sich beziehen läßt.

Nun glaub ich Dir längst alle Blumen; denn auch hier stehen schon die Schneeglöckchen in Bündeln, und vorige Woche hat man mir Rosen geschickt und ein paar Tage vorher noch Erstaunlicheres: Orangen.

Dinge, mit denen umzugehen, Du, Glückliche, nie aufgehört hast.

Ist das nicht beinah ein Brief?

(Dafür ist es Sonntag.)

Rainer.

8. AN CLAIRE STUDER NACH ASCONA

[München, Ainmillerstraße 34^{IV}]
Sonnabend, am 22. März [1919]

Nur Dein wunderschöner Shawl, Liliane, ist damals zu mir gekommen, kein Tanzkleid, kein Brief. Ich habe an Henriette Hardenberg geschrieben, den Brief nun an Dich zu schicken; (denn dort wird wohl, nehm ich an, beides geblieben sein.)

Vergeht denn soviel Zeit, daß Du ›wochenlang‹ konntest krank gewesen sein zwischen den Zeichen, die ich von Dir hatte? Möge Dir der Garten nun alle Erholung blühend machen.

Der Maeterlinck ist eingetroffen, ich lese in ihm, und dieses Mal zweifle ich nicht, daß mir dieses Buch gehöre: Du hast, mit meinem Namen, mirs von vornherein angeeignet.

Entscheide nun selbst, ob Du mir den neuen Barbusse senden magst, ob er für mich wichtig sei. Von Charles Vildrac war wohl durch niemand etwas zu erfahren?

Hier eine kleine Übersetzungs-Probe, aus meinen Vor-Übungen zu Michelangelo.

Rainer.

Giuliano Cassiani (1712-1778)

Der Raub der Proserpina /

Hoch schrie sie auf, warf fort die Blumen, hin
zur Hand gewandt, die jäh sich in sie krallte,
und, in der Angst, wie sie sich ihr enthalte,
zog sich in sich die Sizilianerin.

Der schwarze Gott, den warmen Mund verhängt
mit rauhem Haar, drängt gierig schon zum Kusse,
sein dichter Bart hat ihr mit stygschem Russe
der Brust und Wange Elfenbein bedrängt.

Sie, schon im Arme ihres Räubers, stemmt
mit einer Hand sich fort von seinem Kinne
und hält die andre vor ihr scheues Schaun.

Der Wagen fährt. Der Himmel wird es inne
und überdonnert dumpf was er nicht hemmt
und Räderrasseln und Geschrei der Fraun.

Text umstehend:

Giuliano Cassiani (1712-1778)

Il ratto di Proserpina /

Diè un alto strido, gittò i fiori, e volta
all' improvisa mano che la cinse
tutta in se, per tema onde fu colta,
la siciliana vergine si strinse.

Il nero Dio la calda bocca involta
d'ispido pelo a ingordo bacio spinse,
e di stigia fuliggin con la folta
barba l'eburnea gota e il sen le tinse.

Ella, già in braccio al rapitor, puntello
fea d'una mano al duro orribil mento,
dell' altra agli occhi paurosi un velo.

Ma già il carro la porta; e intanto il cielo
ferian d'un rumor cupo il rio flagello,
le ferree ruote e il femminil lamento.

9. AN CLAIRE STUDER NACH ASCONA

München, Ainmillerstraße 34^{IV}
am 2. April. [1919]

Unter dem tiefsten Schnee hervor (der sich in vier Tagen und Nächten beständigen Fallens über uns angesammelt hat) hofft sich dieses Blatt in Deinen, Liliane, gesicherteren Frühling; wie Du schon begreifst, nicht ohne wieder eine Bitte.

Man hat Friedrich Burschell für seine Zeitschrift ein paar Francis-Jammes-Übertragungen angeboten, deren Vorbilder aus einem Buche zu stammen scheinen, das sich ›Gebete aus der Zeit während des Krieges‹ – oder so ähnlich nennt: für

Burschell wärs wichtig, die Originale zu vergleichen, für mich schön, sie kennen zu lernen. Kannst Du das für uns thun?

Hat Iwan Goll Mallarmé's ›Eventail de Mlle Mallarmé‹ übersetzt, an dem ich mich hier versucht habe? Würde er seine Übertragung gegen die meine austauschen mögen? – Schlag es ihm vor.

      Und sei mir herzlich gegrüßt.

                    Rainer.

    Fächer von Mademoiselle Mallarmé /

      O Träumerin, daß ich mich trüge
      zur Wonne, die kein Weg je fand,
      behalte du durch kühnste Lüge
      nur meinen Flügel in der Hand.

      Von einer Dämmerung die Kühle
      hat jeder Schlag dir eingeflößt,
      der mit gefangenem Gefühle
      die Weite sanft hinüberstößt.

      Da schwindelt einem: Sieh, nun wehen
      die Räume wie ein großer Kuß,
      der toll, für keinen zu entstehen,
      unhingenommen kommen muß.

      Dir ist: ein Paradies verschlüge
      dein Lächeln in die Unterwelt,
      daß es in unbeschränkte Züge
      von deinem Mund hinüberfällt.

      Das Szepter rosiger Gestade,
      die spät im Gold erstarrn, das ist
      der weiße Flug, der sich gerade
      am Feuer eines Armbands schließt.

Eventail de Mademoiselle Mallarmé /

> O rêveuse, pour que je plonge
> Au pur délice sans chemin,
> Sache, par un subtil mensonge,
> Garder mon aile dans ta main.
>
> Une fraîcheur de crépuscule,
> Te vient à chaque battement
> Dont le coup prisonnier recule
> L'horizon délicatement.
>
> Vertige! voici que frissonne
> L'espace comme un grand baiser
> Qui, fou de naître pour personne,
> Ne peut jaillir ni s'apaiser.
>
> Sens-tu le paradis farouche
> Ainsi qu'un rire enseveli
> Se couler du coin de ta bouche
> Au fond de l'unanime pli!
>
> Le sceptre des rivages roses
> Stagnants sur les soirs d'or, ce l'est,
> Ce blanc vol fermé que tu poses
> Contre le feu d'un bracelet.

10. AN RAINER MARIA RILKE NACH SOGLIO

[Zürich, Spielweg 7, bei Henning, 24.7.1919]

Ich möchte das fremde Zimmer ein wenig anwärmen. Möchte etwas Rot auflegen an den Wänden vor Deiner Ankunft. Möchte doch kein Regen in Deine Seele fallen! Nur immer Sonne in Deine edelsteinernen Augen! Ich wünsche Dir eine tausendjährige Einsamkeit! Und viele blaue Freundschaften mit Eidechsen. Ach, es gibt ja nichts was ich *Dir* nicht wünschte. Die Arme tun mir weh von all den zurückgehaltenen Zärtlichkeiten gestern. Hab Nachsicht. Ich werde von einem Mal zum andern leichter werden; denn ich nehme ja immer noch an Liebe zu. (Es ist doch nicht wahr, daß ich Deinem Gesicht gewachsen bin!) Mein Mund wagte sich ja kaum mehr in Deine Nähe. Nur mein »Gefühl«. Darf ich Dir alle Gedichte schenken? Deinen leuchtenden Namen ihnen allen voransetzen?

Ach Seligkeit, daß Du bist!

Liliane.

11. AN CLAIRE STUDER NACH ZÜRICH

Soglio / (Bergell, Graubünden)
am 5. August 1919

Liliane,
Du herzlich Dichtende,

ich habe heute Deine Gedichte gelesen, die aus Begeisterung hervorgehen, alle, aus einer Begeisterung Deines ganzen Körpers und Daseins, wirklich aus dem *Körpergefühl*; in einem, aus jeder Stelle des Leibs miterbauten Bewußtsein kommen sie zu sich, und von den schönsten darf man sagen, daß sie dort eine freie, durchsichtige Wohnung haben.

Nicht alle sind mir gleich lieb; der Reim thut ihnen zuweilen Abbruch, weil dann die Wortperle zur Schließe wird, und die Schließe hat einen Nebensinn, ihr fehlt der Perle in sich runde Vollkommenheit; die Schließen werden Dir irgendwie innen zugereicht, die Perle wählst Du selbst aus dem entrollten Vorrath aller längst zerrissenen Schnüre (und reihst sie neu).

Auch sagen mir die, die, aufrufhaft, etwas wirken wollen, weniger zu. Das mag an mir liegen.

Die Valenz des einzelnen Worts ist immer verantwortet, ist gekonnt und genau, ist ein paar Mal bewundernswerth. Die Betheiligung des Herzens, auch an dem mindesten Worte, ist, gleichsam, nachweisbar. Manchmal hat es ein Wort ein wenig zu gut und verwöhnt sich im Handumdrehn.

Das (ungefähr) wärs, was ich, gleich nach dem Lesen, Dir zu sagen wüßte.

Es kam heute ein Telegramm, aus dem ich ersehe, daß Kippenbergs nahe der Grenze sind, am Bodensee: so werd ich mich wohl doch entschließen, das Manuskript jetzt gleich hinzuschicken, daß es die Verlegersleute in den Ferien fände, wo es vielleicht besser gelesen wird, als später im Betrieb des Verlags.

Aber besser ists dafür, Du schreibst meinen Namen *nicht* davor und schenkst mir nicht so viel. Auch mir ists lieber. Verstehs: ich seh meinen Namen so ungern irgendwo stehen, allein, irgendwas vorstellend; er soll höchstens am Rande einer meinigen Arbeit, handwerklich, vorkommen. Dort mit kleinem, aber guten Bewußtsein. Nirgends sonst.

Dein Brief hat mich (vor einer Woche) hier empfangen; denn ich war vier Tage in Sils geblieben. Auch eine kleine Sendung von Iwan Goll wartete hier, Die drei guten Geister Frankreichs, die noch von Ascona zu kommen schien. Sag ihm Dank und die allerherzlichsten Grüße. Wie war es gut, mit Euch zu sein, in dem hohen Atelier, immer noch freuts mich, sooft mir einfällt, daß das mein Abschluß in Zürich war.

Und wie war Euer Abend hernach?

Elisabeth Bergner? – Willst Du mir nicht ein wenig von ihr erzählen? Oder viel?

Gestalten sich Euer[e] Aussichten für Paris, ist schon ein Umriß zu sehen?

Hier ist es gut; der erste mir ruhigere Ort: insofern hab ich mich nicht getäuscht. Meine Tage vergehen in einem alten holzgetäfelten Zimmer, alte Möbel stehen drin, noch die richtigen, und ein mächtiges Bett mit vier gewundenen

Säulen; oder in dem alten französischen Garten hinter dem alten Haus, der in drei Terrassen aufsteigt, von behauenen Steinrändern eingefaßt, und in dem der Buchs noch in den herkömmlichen Formen zugeschnitten ist, Ränder bildend, dichtgrüne Wände mit Kugeln am Eingang der Bosquets, Säulen die Mauern empor, dichtgrüne Kapitäle ... Und dazwischen überall die preisende Freiheit der Sommerblumen!

Und für die Wege, aus der Ortschaft hinaus, ist ein Ziel gegeben in den Wäldern ächter Kastanien, die weithin die gemäßigten Hänge überziehen, aufs Italiänische zu. Diese Bäume sind herrlich, aber herrlicher noch ist der erhabene, gesteigerte Raum zwischen ihnen: als hätte mit ihrem Wachsthum auch er zugenommen.

Rainer.

Übrigens werd ich, ganz nächstens, wenn ich Dir wiederschreibe, zwei drei Bitten haben, um Besorgungen; das ist also nicht nur von München aus, daß ich Dich plage. Und diesmal werden's nicht mal Bücher sein, sondern – das und dies. Einmal fährst Du ja doch in die Stadt hinein aus Euerer guten (un-zürichschen) Entlegenheit. (Hier ist nämlich nichts zu haben.)

12. AN RAINER MARIA RILKE NACH SOGLIO

[Zürich, Rotbuchstr. 42, 8.8.1919]

O Rainer, wie glücklich bin ich, daß Du es dort so gut hast! Soviel Ruhe in Deinem Brief! Großer Gärtner Du, der den Buchs am schönsten zu verschneiden weiß! Und wie echt und sommerlich müssen die Kastanien sein, wenn sie Dich sehen ... Ich bin *sehr* froh für Dich.

Meine Ruhe hat abgenommen. Soviel Erlebnis brauste über mich hin, dem ich mich nicht mehr rasch genug entziehen konnte – oder wollte?? Elisabeth, mein Kind und viel, viel anderes. –

Selig macht mich Dein Glaube an einige meiner Gedichte. (Vielleicht kann man überhaupt blos fünf gute Gedichte leisten?) Wie fein sind sie von Dir erkannt! – Wenn Du sie der Insel schickst, hier sind noch etliche mehr. Davon 4 aus der »Mitwelt«, woselbst sie allzusehr begraben waren. Vielleicht schreibst Du K., daß er später noch mehr dazu haben kann. Ich überarbeite eben einige neue.

Welche Freude aber hast Du mir noch gemacht! Bitte bitte schreib schnell was ich Dir besorgen soll. Glück für Dich in die Stadt gehen, Dir auch nur ein ganz klein wenig aus der Ferne dienen zu dürfen!

Wie war die Übersetzung des »Malte« und was machen die »Elegien«. Daß ich doch nur eine wieder einmal fühlen könnte!

Liliane neigt sich ihrem Halbgott.

Goll liebt Dich jetzt gemeinsam mit mir. Nur – er ist nicht in Trauer ...

Ich wohne jetzt: Rotbuchstr. 42

13. AN RAINER MARIA RILKE NACH SOGLIO

[Zürich, Rotbuchstr. 42]
Donnerstag. [29.8.1919]

Rainer, Lieber,

Montag muß ich mich einer schweren Darmoperation unterziehen und manche Woche im Spital liegen. Nun kann ich keinen Gang mehr für Dich tun, darüber bin ich am aller, allertraurigsten.

Schreibst Du mir einmal zur Freude, in die böse Zeit hinein?

Hier sind für die letzten 5 Gedichte meines Manuskripts, die Du »aufrufhaft« nennst und nicht liebst und die ich darum streiche, andere. Später folgen mehr, wenn ich in der Genesung bin.

Einen innig-schönen September Dir!

Liliane –

Zürich, Kantonsspital, Privatabteilung.

»Fünf Gedichte An Rilke geschickt«.

Die Zerstörten.

Immer wieder, im Mittag des Jahrs –
Ein Käfer summt sein goldnes Glück vorbei,
Eidechsen schlagen überselige Triller
Und Rehe singen lautlosen Choral –

Immer wieder, wenn Sommer wird, schleichen sich
Traurige Füsse fort aus dem Gelächter der Mitwelt,
Fort aus dem einmaligen Leben.
Immer wieder mitten im Überfluss,
(Doppelt verwundet von solcher Sonne)
Stehn die Vergessnen an unvergänglichen Teichen,
In denen immerwache Fische beten,
Stehen die Verwunschenen ungestillt
Vor ihrem Untergang.

Die Schlaflosen.

O die vielen schluchzenden Fenster zur Nacht!
Seht den Knaben, zum ersten Mal weiss er:
Mädchen, Sterne und Tod.
Seht das zerknitterte Herz alter Jungfern
Verstaubt von der Asche gewordenen Zeit!
Seht die Mägde, ertrinkend in Bächen von Heimweh!

Schon löscht das Herz aus und die Kerze
Über dem Abschiedsbrief der Betrogenen.
Der unbewachte Tote horcht noch einmal
Hinaus nach der Seite des Lebens.
Aus dumpfer Mutter steigt der neue Mensch .....

Den hellen schluchzenden Fenstern entlang
Geht der mitleidende Engel. –

Es verschlafen die dicken Schläfer Sterne und Schicksal.

Zwölfuhr Gefühl.

Hingespült von der kindlichsten, kirchlichsten Stunde:
Zwischen Gestern und Heute
Lag ich und wusste alle Schwestern,
Hinaushorchend jetzt in die Ewigkeit.
Ich sah die kleine Mitternacht der Äusserlichen,
Sah die Gotik ihrer Füsse,
Sah Ebbe und Flut der aus Meer gemachten Augen
Und das Barock ihres schlafenden Haars.
Sah, ach das arme, ans Gesicht gefesselte Lächeln
Und die zwanzig Verführungen der Kleider.

Und ich sah die Fortgeschleuderten
Von der Kurve gewaltigen Gefühls,
Hörte ihr Weinen, das hinter dem Körper wohnt
Und das entspringt dem unentdecktesten Herzen,
Wenn es über sich die irdischen Augen und Hände
                                                                         spürt
Des Liebenden und die Unzulänglichkeit
Jeder menschlichen Mitternacht. – –
Denn immer hat Einer Tal und der Andre Gipfel
Und wenn es Morgen taut, sind wir verlassner denn je.

Die Rechner.

Weh den Starren, weh den Versteinten,
Die nie in einem Hausflur weinten.
Die niemals irre Nächte
In rohen Anlagen verwachten
In die Erde bissen und lachten,

Weh ihnen, die sich niemals überwanden
Auf Plätzen, mittagumlodert, standen,
Von Geld all ihr Gefühl gekauft! O hart
Und nur vertieft in eigne Gegenwart
Nicht sahn auf diesem Platz, schmal und verirrt,
Die, denen Sonne niemals steigen wird:
Das Kind im morschen Kleid und altem Haar,
Heimlich hebend um Tod die zerschlagenen Hände,
Dass es Gott, ach dass es Heimat fände!

Weh, weh den von der Zeit Betörten,
Die die stummen Schreier überhörten:
Schwangere, die verlassene Himmel anknien,
Dass ein Wunder, eine letzte Begegnung sei,
Doch der innigste Mensch geht kalt vorbei. –
Herbe Knaben auch, die gut sein wollen
– Strahlend von überirdischen Ideen –
Und doch die Mutter töten und die Schwester
                                    schmähn …
Und die Gehetzten, die immer lügen müssen,
Weil die Nächsten nichts von ihnen wissen. – –

Weh ihnen einst den Zugemauerten,
Von Engeln tief Betrauerten,
Sie liessen sich um Contos Welt entgehn,
Wie sind sie tot und ohne Auferstehn!!

Dass Vögel sind ...

Dass Vögel sind!
Füsschen im Schnee!
Federn um Gesang
Kleiner Ball voll Gefühl.
Von Sehnsucht geschleudert
Aus einer Welt in die andre,
Von einem Klima zum andern.
Dass Vögel sind! Ziehende Vögel,
Rührend klein vor dem grossen Raum,
zarter Flug um Gott.
Wie möchte man knien,
Weil Vögel sind!

14. AN RAINER MARIA RILKE IN ZÜRICH

[Zürich, Rotbuchstr. 42]
[31.10.1919]

Rainer, lieber,
    die Birnen wollten unbedingt von Dir gegessen werden; auf einige von ihnen mußt Du aber noch warten.

Morgen fahren wir. Allerseelen – Paris! – So hole ich jetzt nach, küsse Deine Hände und das Geheimnis Deiner Augen, Deiner Liebegottaugen. Daß Dir täglich nur das Maß Leid werde, das Du nötig hast! Und sonst Lächeln, Helles. Und bleibe so herrlich und unendlich wie jetzt.

In großem Gefühl für Dich
                Liliane.

15. AN RAINER MARIA RILKE NACH ZÜRICH,
Nachgesandt nach Locarno

Paris IX, 55, Rue Pigalle.
Dezember. [20.12.1919]

Ich kann Dir nichts schreiben, Rainer, Paris erwürgt mich. Paris geht unter. Tango und Kitsch liegen auf den großen Jahrhunderten. Einige Male bin ich nach Campagne Première gewallfahrtet. Geträumt vor dem Haus das Du und Malte bewohnten.

Vierzehn Tage war ich bei Freunden am Ozean. Bretagne! Viel *Menschen* hier, auch Dir nahe: Bazalgette, Vildrac, dem ich Deine Adresse gab.

Schreib mir wie und wo Du bist. Damit ich nicht nach Norden denke, wenn Du im Süden lebst!

Immer wenn ich traurig bin, denk ich, daß es so etwas Köstliches gibt wie Dich. Ich will in der demütigsten Kirche von Paris bitten, daß Dich das neue Jahr glücklich machen möge. Und laß mich Dir danken für dies Jahr, das von Dir wußte, das von Dir erfuhr.

Liliane.

16. AN RAINER MARIA RILKE NACH LEIPZIG,
Nachgesandt nach Schoenenberg bei Pratteln, Baselland

[Paris IX, 55 Rue Pigalle]
16. April [19]20

Lieber Rainer,
ich schrieb Dir zwei Mal aus Paris. Haben Dich meine Briefe erreicht? Ich möchte nicht gern ins Leere hinausschreiben. Auch wüßt ich gern wie und wo Du lebst und möchte Dir soviel Interessantes schicken: Zeitschriften, Kataloge, Bücher. Goll schrieb kürzlich in einer schönen neuen Revue

über Dich. Stadt und Menschen sind unausschöpflich. Anfangs litt ich an Paris und jetzt bin ich ganz verwurzelt. Der Frühling ist ein mächtiger Vermittler. Im Luxembourg blühen die Kinder aus den Beeten (der »weisse Elefant« wartet ab und zu auf Dich.) Wann kommst Du?

Mir ist, als hätte ich bisher in der Provinz gelebt. Man sieht von hier bis nach Amerika, Japan .... Aber von Berlin aus höchstens bis Lichterfelde-West. Und so viel liebe Menschen! Wir leben mitten unter den Kubisten und das gibt uns ganz neue Perspektiven auch für unsre Kunst. Ich mache viel Übersetzungen: Amerika, England. Du kannst darüber im Maiheft der »Neuen Rundschau« lesen. – Schreib doch bitte *von Dir*.
Liliane.

Adr. Paris IX, 55 Rue Pigalle, Cl.-L. Goll-Studer.

17. AN RAINER MARIA RILKE NACH LEIPZIG,
Nachgesandt nach Schoenenberg bei Pratteln, Baselland

[Paris IX, 55 Rue Pigalle]
20. April [19]20.

Rainer, lieber, ich schrieb Dir vor etlichen Tagen, hast Du den Brief bekommen? Heute muß ich noch schnell eine Frage nachschicken: Ist Deine Münchner Wohnung zu haben? Marie Laurencin will den Sommer dort verbringen. Schreibe gleich darüber. Sie erzählte mir auch von Dir. Und wie Du von Paris träumst. Sie und ich würden Dir hier eine Wohnung suchen – wenn Du kämst. Ist sie nicht etwas Köstliches? So eine Art französischer Bettina?

Wenn Du kämst – wir würden Dir einen Palast suchen.
Tausend warme Grüße
Liliane.

18. AN CLAIRE GOLL-STUDER NACH PARIS

Schoenenberg, près *Pratteln*
Bâle, Suisse, ce 2 mai 1920

J'ai bien honte, chère Liliane, d'avoir laissé sans réponse vos messages, jusqu'au point que vos deux dernières lettres aient dû faire un long long détour pour arriver à moi.

Vous me voyez dans un moment d'une telle incertitude, que j'aurais de la peine à vous exposer ma situation; mon séjour en Suisse est à la veille d'expirer –; par raison d'argent le seul pays qui me serait possible c'est l'Allemagne, mais vous comprenez que ce n'est pas vers cette direction que je me sens attiré. D'ailleurs, le gouvernement bavarois refuse le séjour à tous les étrangers qui n'étaient pas fixés à Munich *avant* le 1 Août 1914; il est très probable qu'on ne me laisse même pas entrer. Désormais j'ai le droit sur un Passeport Tchécoslovaque, j'espère qu'on me le délivrera ces jours-ci; il faciliterait mon retour à Paris, mais le change est encore trop mauvais pour que je puisse y vivre avec mes Marks. C'est cette même difficulté qui m'empêche d'aller en Italie ... je ne sais donc pas *où* me diriger et vous comprenez que cette incertitude me ronge. C'est elle du reste qui cause et qui prolonge mon silence, avec, en même temps, beaucoup de malaise, dont je suis tracassé les derniers mois.

Le sort de mon appartement à Munich se décidera ces jours-ci; je crains de n'être plus en état d'en disposer en faveur de Marie Laurencin, car j'ai dû prier quelqu'un de s'installer sur le champ, c'était le seul moyen d'empêcher que le »Wohnungs-Amt« y met [sic] d'autres locataires.

Comme je suis content de savoir à Paris Mme de W.-Laurencin, – vous lui direz, j'espère, de ma part tout un bouquet de souvenirs en fleurs; je n'ai pas pu écrire à elle non plus –, jugez par cette lettre combien je suis incapable d'en écrire ...

J'avais bien tort, je le sais, de ne pas vous envoyer mon adresse, lors de votre premier signe; rien ne m'eût été plus bienfaisant que d'avoir de bonnes nouvelles de Paris –, et ma satisfaction aurait été parfaite à l'idée que vous pouvez en donner de vous-même. Vous voilà enracinée en ce sol heureux qui comme nul autre nourrit et exalte. Je vous souhaite, ainsi qu'à Goll, que ce soit le commencement d'une longue et active prosperité dâme et de cœur.

Ah, chère Amie, vous vous proposez de me trouver un palais, si je viens à Paris, hélas ce serait pour y mourir de faim que j'y entrerais! Mais envoyez-moi ce que vous m'avez annoncé, seulement ayez de l'indulgence si je ne vous réponds que plus tard. Actuellement l'avenir tout impénétrable que j'ai devant moi, m'empêche de voir assez clair même pour écrire trois lignes.

Je vous écris en français, car je ne sais pas, si on n'ouvre pas les lettres à la frontière. Et que ce peu vous soit assez éloquent pour que vous sentiez que c'est moi qui vous parle –

Rainer.

[Ich schäme mich sehr, liebe Liliane, daß ich Ihre Nachrichten unbeantwortet gelassen habe, sodaß Ihre letzten beiden Briefe einen sehr langen Umweg machen mußten, um zu mir zu gelangen.

Sie sehen mich in einem Augenblick so großer Unsicherheit, daß ich Mühe habe, Ihnen meine Situation darzulegen; mein Aufenthalt in der Schweiz ist fast zu Ende –; aus Geldgründen wäre Deutschland das einzige für mich mögliche Land, aber Sie verstehen, daß ich mich nicht gerade in diese Richtung hingezogen fühle. Abgesehen davon verweigert die bayerische Regierung allen Ausländern den Aufenthalt, die nicht schon *vor* dem 1. August 1914 ihren Wohnsitz in München hatten; es ist sehr wahrscheinlich, daß man mich nicht einmal einreisen läßt. Ab sofort habe ich das Anrecht auf einen tschechoslowakischen Paß, ich hoffe, daß man ihn mir in diesen Tagen aushändigt; er würde mir die Rückkehr nach Paris erleichtern, aber der Kurs ist noch zu schlecht, als daß ich mit meinen Markbeträgen dort leben könnte. Die gleiche

Schwierigkeit hindert mich auch daran, nach Italien zu gehen ... ich weiß also nicht, *wohin* ich mich wenden soll, und Sie verstehen, daß diese Unsicherheit an mir nagt. Sie ist übrigens der Grund für mein langes Schweigen, ebenso wie häufiges Unwohlsein, das mich in den vergangenen Monaten geplagt hat.

Das Schicksal meiner Wohnung in München wird sich in diesen Tagen entscheiden; ich fürchte, nicht mehr in der Lage zu sein, zugunsten von Marie Laurencin darüber zu verfügen, denn ich habe jemanden bitten müssen, sich auf der Stelle dort einzurichten. Dies war das einzige Mittel, das Wohnungsamt daran zu hindern, dort andere Mieter unterzubringen.

Wie freue ich mich, Mme de W.-Laurencin in Paris zu wissen – Sie werden ihr, hoffe ich, von mir einen ganzen Strauß von blühenden Erinnerungen übermitteln; auch ihr konnte ich nicht schreiben –, ersehen Sie aus diesem Brief, wie sehr ich unfähig bin zu schreiben ...

Es war falsch, ich weiß es, Ihnen nicht meine Adresse zu schicken, als ich das erste Lebenszeichen von Ihnen erhielt; für mich hätte es nichts Wohltuenderes als gute Nachricht aus Paris gegeben, und meine Genugtuung wäre vollkommen gewesen bei dem Gedanken, daß Sie auch von sich selbst solche Nachrichten geben könnten. Da sind Sie also nun verwurzelt in dieser glücklichen Erde, die wie keine andere nährt und erhebt. Ich wünsche Ihnen, ebenso wie auch Goll, daß es der Beginn eines langen und aktiven Glücks für Seele und Herz sein möge.

Ach, liebe Freundin, Sie wollen für mich einen Palast finden, wenn ich nach Paris komme, leider würde ich vor Hunger sterben, wenn ich dort einzöge! Aber senden Sie mir das, was Sie mir angekündigt haben, seien Sie aber nachsichtig, wenn ich erst später antworte. Die ganz undurchdringliche Zukunft, die ich vor mir habe, hindert mich gegenwärtig daran, klar genug zu sehen, um auch nur drei Zeilen zu schreiben.

Ich schreibe Ihnen französisch, denn ich weiß nicht, ob man die Briefe an der Grenze öffnet. Und das Wenige sei Ihnen beredt genug, daß Sie fühlen können, daß ich es bin, der zu Ihnen spricht – Rainer.]

19. AN RAINER MARIA RILKE NACH SCHOENENBERG BEI PRATTELN, BASELLAND

[Paris IX, 55 Rue Pigalle]
Am 5. Mai [19]20.

Rainer, Lieber, mein Herz ist traurig über Deinen Brief. Daß ich Dir helfen könnte! Du mußt doch wieder irgendwo Heimat finden. Obwohl man sich heute überall entheimatet fühlt. –

Es war natürlich leichtsinnig von mir Dir von Schlössern vorzuträumen. M. Laurencin, die inzwischen wieder abgereist ist, aber hat mit Gide gesprochen. (Weißt Du, daß Gide sich Deiner Korrespondenz 1914 angenommen hat?) Und G.[ide] sagte, er wolle sich für Dich umtun, für den Fall, daß Du nach Paris zurückkehren willst. Auch Vildrac, der ja so gütig ist, würde bestimmt etwas für Dich tun. Denn man findet heute Wohnung fast nur durch Verbindungen, kaum noch mit Geld. Wir wohnen seit ½ Jahr im Hotel, faute de mieux. Ich will Dir nun ganz exakte Zahlen schreiben. So grenzenlos ich Dich auch herwünsche, noch stärker ist der Wunsch Stille um Dich zu wissen.

Solche Stille kannst Du Dir nur mit monatlich 1000 Frs erkaufen – minimum. Deutsches Geld kommt natürlich nicht in Frage. Auch ich habe deutsches Geld, das ich mir gar nicht kommen lasse. Am Anfang ging es uns sehr bedenklich. Dann hat G.[oll] für einen deutsch-schweizerischen Verlag eine Stelle angenommen und ich hatte etwas Schweizer Geld – so leben wir von wenig Mitteln und viel Idealismus.

Du könntest für einen deutschen Verlag Lektor spielen – wenn sich wirklich Niemand findet, der Rainer Maria Rilke Paris auftun will!

Da ist z. B. der Millionär Mayer, der sog. Pelzmayer in Zürich. Von ihm lebten s. Z. Rubiner und Frank, leben heute noch Werefkin, Jawlensky etc. Da ist ferner André Germain in Brissago ... Paßschwierigkeiten keine mehr, wir haben schon deutsche Freunde hier. Und Briefe werden nur im taktvollen Deutschland geöffnet.

Hiemit wäre der irdische Teil meines Briefes beendigt und beginne ich mit dem göttlichen. Gestern war Goll bei dem Herausgeber der: »Ecrits Nouveaux«, Paul Budry. Er liebt den Malte sehr und würde gern 30 Seiten für die Zeitschrift übersetzen. 30 Seiten, die besonders auf Paris Bezug haben und die Du selbst auswählen sollst. Willst Du sie uns angestrichen zusenden? Eventuell würde er den ganzen Malte übersetzen später; einen Verlag (der schon in größerem Stil arbeitet, Deutsche und Franzosen zusammen: ich übersetze eben Jammes neuen Roman: Le poète Rustique und Goll einen neuen Barbusse für ihn) zur Herausgabe hätten wir auch schon. Ferner will Budry einige Gedichte von Dir für: Les Ecrits nouveaux übersetzen – wenn Du uns das »Buch der Bilder« oder »Stundenbuch« schicken willst. (Ich wagte seinerzeit kein deutsches Buch über die Grenze mitzunehmen.) Kennst Du: Le Poète Rustique? Sonst schicke ich ihn. Willst Du einige »Ecrits Nouveaux« zur Orientierung? Ich schicke Dir dieser Tage Versprochenes.

Schreib wegen der Malteangelegenheit und wenn Du Dich für Paris entschieden hast, damit man Dir Unterkunft suchen kann. ——

Deine Rose liegt vor mir, eine von denen, die Du mir in Zürich brachtest. Ich wollte, daß etwas von Dir in Paris miteinzieht. Sacré Cœur, ein weißes Gebirge drängt zum Fenster herein mit dem wundervollen Lärm der Autos. Bis zu Notre Dame, bis zum großen Rad gehört mir die ganze Stadt hier vom Fenster aus. Ach, wie ich sie liebe! Im

Luxembourg sah ich ab und zu den weißen Elefant, die göttlichen Kinder und zuweilen auch Deine sanfte Gestalt.

Aber dies sollte ja nur ein Geschäftsbrief sein; leb wohl!
Wie immer, wie immer
Liliane.

20. AN CLAIRE-L. GOLL-STUDER NACH PARIS

> Gut Schönenberg bei Prattelen
> Bâle-Campagne, Suisse, am 7. May. [1920].

Raschheit, Güte, Treue: ich weiß nicht, Liliane, was ich mehr, was ich vor Allem an Deinem Briefe loben und lieben soll. Auch in seiner strengeren Eigenschaft als »Geschäftsbrief« hat er mich nicht enttäuscht. Die Unbeweglichkeit und Unrührbarkeit der Umstände ist ja von hier aus abzusehen, ich habe nicht gehofft, daß Du mir die Thore von Paris öffnen könntest. Du thust ja das Möglichste mit Deinem Erwägen, Deinem Wünschen!

Daß Ihr selber, nach einiger Gefahr, Euch dort halten und befestigen könnt, ist ein Sieg Eueres Jungseins, Euerer Herzen, Euerer Überzeugung. Bei dem eigenthümlich schweren und doch so seeligen Verhältnis, daß [sic!] ich mir durch die Jahre zu Paris verdient habe, kann ich nicht irgend eine Rückkehr wollen, keine um jeden Preis, sie müßte sozusagen in meinen Sternen stehn. Du begreifst. Es wäre nicht meine Art, Umständen, die durch so unerhörte Gewaltsamkeit entstanden sind, auch noch mit einem Eigensinn zu begegnen. Wenn ich mir vorstelle, ich würde es erleben, eines Tages die rue de Seine hinaufzugehen, in die rhythmische Landschaft des Luxembourg einzutreten und, über der Fontaine de Medicis, an jenem Stück Brüstung zu stehen, an dem ich, wie an meinem Pulte, unter dem erblühten Rothdorn sooft gearbeitet habe –, ja, wenn ich nur anfange, mir das vorzustellen, so unterbricht mich mein Herz durch die Steigerung seines

Schlags. Aber eben diesem Herzschlag würd ich Unrecht thun, wenn meiner Wiederkehr ein Zwingenwollen anhaftete, das nicht in meiner Natur ist. Durch so unsägliche Erfahrung Zugehöriges kann nur noch fernbleiben oder zu den stillsten Anschlüssen – früher oder später – Anlaß geben. Ja, soll ichs durchaus gestehen, ich bilde mir ein, es müsse einmal so kommen, wie bei jenen ausgebreiteten starken Schloßwerken des siebzehnten Jahrhunderts, die mit ihren Riegeln, Greifen, Stangen und Hebeln einen ganzen Truhendeckel füllen: daß ein einziger sanfter Schlüssel alles dies Verwehrende und Verhindernde von seiner mittesten Mitte aus zurückzöge. Der Schlüssel thut es nicht allein, Du weißt auch, daß die Schlüssellöcher solcher Koffer versteckt sind unter einem Knopf, einer Kappe, die wieder nur einem Druck von anderer Stelle her nachgeben. Das sind meistens nicht Mäcene, die die Hand haben, die das Geheimnis braucht. Wie sollte man auch einen überzeugen, daß ich nach Paris müsse, statt mich auf dem oder jenem Platze, weniger gewagt, einzurichten.

Was nun die Übersetzungen angeht, wie sollte ich M. Paul Budry nicht dankbar sein für so schöne Absichten? Aber siehst Du, meine Vorsicht, mein Glaube oder Aberglaube, wie Du es nennen willst, geht so weit, daß ich selbst *das* nicht befürworte: daß man irgend ein Meiniges nun rasch übertrage und verbreite, nur um meiner Rückkehr vorzuarbeiten. Überdies steht es ja um den Malte so, daß Übertragungen André Gide's existieren von mehreren Bruchstücken (ich glaube nicht einmal daß *alle* bestehenden oder mindestens versuchten, – seinerzeit in der Nouvelle Revue Française – veröffentlicht worden sind.) Wie ich erinnere, hielt es Gide selbst für nicht ganz ausgeschlossen, daß er das so bedeutend Begonnene eines Tages ergänze: nun möchte ich nicht, daß man seiner, vielleicht doch noch einmal aufwachenden Absicht zuvorkäme, was sich höchstens durch eine diesmal *vollständige* Übersetzung rechtfertigen ließe, der ich dann, unbescheiden wie ich bin, freilich auch eine Prosa von

Gide'schem Gewissen gönnen möchte. Gedichte, gut übertragene, würd ich natürlich immer mit Freude und Auszeichnung begrüßen. Wie Du mich kennst, hab ich keine meinigen Bücher hier, ich will mir aber Mühe geben, die beiden, die Du vorschlägst, zu finden.

»Le poète rustique« liegt auf meinem Tische, seit das Buch in den basler Buchhandlungen aufgetaucht ist –, ist aber erst zu einem Viertel gelesen. Sicher eine schöne Arbeit für Dich. Leb wohl für diesmal –, Ivan Goll und Dir Dank für alles mir Zugewandte. Nichtwahr, ich bin nicht undankbar, wenn ich alles so umständlich einschränke: c'est pour être juste là, où la vie l'était toujours avec moi!

Rainer

21. AN RAINER MARIA RILKE NACH SCHOENENBERG BEI PRATTELN, BASELLAND

[Paris IX, 55 Rue Pigalle, 12.5.1920]

[...] Du mir noch zu jung.
Ich bitte auf jeden Fall Rilke um Entschuldigung.
An Rainer kann ich heute nicht schreiben.

Liliane.

22. AN RAINER MARIA RILKE NACH MÜNCHEN

Sèvres [(S. et O.) 12bis Rue Fréville.]
am 11. Juli [19]20.

Nun da der warme gütige Sommer gekommen ist, hoffe ich, daß auch Du Rainer, die Aprilverstimmung, die zwischen uns kam, längst vergessen hast.

So oft gehst Du neben mir her in diesen Wäldern voll 17. Jahrhunderts, wenn ich vor einem der verwunschenen

Schlösser sitze, neben dem sehr verfallenen Jagdpavillon, der in den pappelumwölkten Teich hinunterträumt. Die Landschaft Watteau's, Fragonard's. Welcher Stil in diesen Wäldern um St. Cloud und Versailles, und überall die großzügigen Spuren des strahlenden Königs! Aber dann plötzlich in unsre Zeit hinein aufzuwachen, zu wissen, daß die Schlösser leer sind und längst alle Erinnerungen abgegeben haben an tote Museen und Galerien. »Sie können nichts mehr behalten.« Und man fühlt sich so heimatlos und unverstanden von den uralten Schloßpinien und fährt schnell in die Stadt, die jetzt so voll Revuen und Asphaltgeruch ist. Ganz in Fremdenstaub gehüllt. Nur der Luxembourg ist echtes Paris.

Bist Du wieder in München? Ist es nicht eine zu enge Stadt geworden? Sind dort die Menschen nicht 3 cm kleiner wie wo anders? Und diese robuste, königl. bayer. Alpenluft, die von dorther weht! Du müßtest jetzt nach Japan reisen oder Indien. Jedenfalls haben wir auf Zettel, die herumgesandt werden wegen des Nobelpreises Deinen Namen geschrieben. Wenn Du ihn bekämst, wärst Du unabhängig.

Ich möchte auch immer weiter, immer nach Irgendwo, nur nicht dahin wo ich bin. – Vielleicht geht's den Winter nach Japan oder New York. Wirst Du mir umso bälder schreiben, wenn Du hörst, daß ich auf eine[r] riesige[n] uralte[n] Kastanienallee wohne? Wie schön, wenn mir der Postengel durch unsern kleinen Garten die »heilige Schrift« brächte! Und was machen Deine herrlichen Elegien? Arbeitest Du an ihnen?

Immer denk ich mit gleicher Innigkeit Deiner.
Liliane.

Sèvres (S. et O.) 12bis Rue Fréville.

23. AN RAINER MARIA RILKE NACH SIERRE / VALAIS

27 rue Jasmin, Paris XVIe
Mi-Carême. [8.3.1923]

Gestern, Rainer, als ich durch die Tuilerien ging, sagten die ersten Tulpen ganz leise »rot« und meinten eigentlich »Rainer« damit.

Heut regnet es aus ganzer Seele, die Seine ist sehr nervös und aufgebracht, die Vögel trauern und nur die Blütenbäume unten im alten Park vor meinem Fenster sehen trotzdem nach Fastnacht aus. Ganz in rosa. Das gibt mir ein wenig Mut.

Kürzlich – nachdem ich schon vor Monaten Kiepenheuer umsonst um Deine Adresse gebeten – ist Maurice Betz bei uns zum Thee. Wir brechen in gemeinsame Begeisterung über Dich aus und es stellt sich heraus, daß er Dich für Stock übersetzt!

Vor 3 Jahren schon schlug ich Dir Budry als Übersetzer vor, weißt Du noch? Vor 1 Jahr bat ich einen Freund und Jünger Gide's, diesen an den Malte zu erinnern. Aber Gide ist wie einer der Helden seiner Romane: verspricht alles und hält nichts. Aber dafür blendet sein Stil. Und so wird man Deine Prosa erst jetzt kennen lernen.

Aber selbst Hölderlin hält heute erst seinen verspäteten Einzug in Paris. Meine Freundin, Frau obigen jungen Dichters (er gehört zur »Nouvelle Revue Française«) hat soeben den »Hyperion« für »La Renaissance du Livre« übersetzt. Ich denke an sie für den »Cornet«.

Ich schicke Dir gleichzeitig ein Büchlein von mir. Es enthält auch von den Gedichten, die Du liebst und doch nicht annehmen wolltest. Vielleicht magst Du die neuen weniger. Aber Paris erschlägt einen. Es ist ein zu harter Geliebter.

Dich in dem warmen Sierre zu wissen, in dem ich schöne Erinnerungen an Romain Rolland ließ, macht mich sehr glücklich.

Erzähl mir bald von Dir, aber bald; denn in 2 Monaten fahr ich tief hinein ins Dschungel Afrikas. Ich bring Dir auch einen »Panther« mit, aber laß Dein 3jähriges Schweigen Strafe genug sein für jenes Mißverständnis, das ich kindisch hervorrief. Es hat mich sehr arm gemacht.
Deine Liliane.

24. AN CLAIRE GOLL NACH PARIS

Château de Muzot sur / *Sierre*
(Valais) Suisse, am 11. April 1923

Liliane,

ich hoffe, Du bist noch nicht im Dschungel Afrika's, sondern noch solchen europäischen Übungen, wie ein kleiner Brief sie versucht, erreichbar; ja, ich wünsche sehr, *sehr*, Dich mit diesem Blatte zu erreichen –, denn ich hätte viel Schweigen gut zu machen – »gut zu machen«, vor Allem, weil es in eine Zeit fiel, da Du ihm leicht eine bestimmte Auslegung von Absichtlichkeit geben konntest!

Nun sagst Du gar: »dreijähriges Schweigen«, ich hab's nicht gezählt und bin ganz erschrocken über Deine Feststellung. Wenn ich nun, diesmal, nicht gleich geantwortet habe, so lags daran, daß ich meinte, Dir auch gleich meine beiden Bücher mitschicken zu können, das Ergebnis des Winters 1921 auf 1922 (oder genauer eines einzigen, über alles menschliche Maaß hinaus gesegneten Monats, des Februars 1922 –): diese würden mich, bei Dir, mit einem Schlage, verantwortet haben. Denn daß mein Schweigen so vorhalten konnte, lag *nur* an diesem Ergriffensein durch die Arbeit; nie hab ich so ungeheure Stürme des Ergriffenwerdens durchgemacht, ich war ein Element, Liliane, und konnte Alles, was eben Elemente können. Und obgleich diese Hoch-Zeit, menschlich gemessen, kurz war (länger hätte mein Körper sie kaum ausgehalten), so war eben doch alles vorher und nachher von ihr bestimmt und befehligt, – und Briefschreiben, das ja die gleiche Feder beanspruchte, kam nur dort in Betracht, wo's ganz unvermeidlich war.

Nun kann ich Dir zwar heute meine Bücher noch nicht mitschicken (von dem einen waren nur erst ein paar Exemplare da, das andere ist überhaupt noch nicht fertig) –, laß mich aber wissen, wielang Du noch in Paris bist, ich hoffe, Du bekommst sie noch vor Deinem Fortgehen (oder dann, wenn Du mit dem »Panther« zurückkommst!)

Hab Dank für Deine Bücher und dafür, daß Du immer daran denkst, sie mir zu geben. (Auch Iwan Goll hat mir ein seiniges geschickt, das ich unbestätigt und unerwidert gelassen habe, bisher; sag ihm, herzlich, Dank, und Gruß).

Was die Deinigen angeht, so hat schon die amerikanische Anthologie mir viel Freude gemacht. Mehr noch, natürlich, Dein Eigenes. Du hast eine wunderbare Fähigkeit, an Dir das Maaß Deines Ausdrucks zu nehmen, liebe Liliane, und das heißt ja wohl, für eine Frau, dichten. Immer erkenn ich Dich, oft mit einer Art Jubel; – auch ist mir über den »Lyrischen Films« klar geworden, wie sehr unsere Einsichten die gleichen sind; nur stehen wir zuweilen im Kontrast durch die unwillkürliche Art, wie wir uns helfen, sie auszuhalten.

Mich freuts, daß Du dieses unerhörte Valais kennst (und liebst); wahrscheinlich aber wirst Du meinen alten Thurm damals nicht gefunden haben. Daß ich ihn, im Sommer 1921, fand, war meine Rettung.

Rainer.

25. AN RAINER MARIA RILKE NACH SIERRE / VALAIS

[Paris XVI, 27, rue Jasmin]
Am 1. Mai 1923 [richtig: 30.4.1923]

Wie sehr ich Dich liebe, Rainer, (ich weiß kein andres Wort für mein Gefühl zu Dir) das merkte ich als ich Deine Schrift nach solanger Zeit wiedersah. Ich fuhr Deinen Brief durch ganz Paris und kein Fleck schien mir schön genug um ihn zu öffnen. Ist es Dir recht, daß ich ihn im Bois de Boulogne gelesen habe, im Pré Catelan? Dort kennen mich alle Blumen und ich wollte, daß sie Dich auch kennten und wenn ich jetzt am Morgen komme, rufen sie alle bunt durcheinander: R a i n e r! Und ab und zu – kein weißer Elephant – aber ein herrliches Pferd mit einer Chevalière d'Orsay. Oh, Paris mit seinen Göttinnen am Morgen im Bois!!

Dann habe ich immer auf die versprochenen Bücher gewartet. Wie sehr ich sie erwarte nach den wenigen Sätzen, die Du mir von Deiner großen Verzauberung schriebst, begreifst Du wohl? Nein, ich verstehe, daß Du mir nicht schreiben konntest während Dich Gott berührte.

Gerade in den Wochen, die Deinem Brief vorausgingen, war ich sehr mit Dir. In England, in einem herrlichen Cottage, das mir immer so vorkam als müßte es einmal Dir gehört haben, fielen mir die portugiesischen Sonette der Browning in die Hand. Und gerade durch sie fühlte ich wieder nach manchem Irrweg was Dichtung heißt und wie sehr *Du* unser aller Meister bist.

Du hast mir nicht geantwortet: soll meine Freundin, (die den Hyperion übersetzte), den Cornet übersetzen?

Weißt Du, daß ich vor 2 Wochen erst erfuhr, daß ich seit 2 Jahren Marthe Hennebert sehr gut kenne und nur nicht wußte, daß sie es war? Sie war sogar mehrere Male zum Thee bei uns mit dem Mann, mit dem sie lebt und dessen Name sie mir versteckte. Seltsam, nicht?

In 4 Wochen gehts ins Dschungel.

Schreib vorher noch einmal von Dir und Deinem Thurm
Deiner Liliane.

[Auf der Rückseite von Blatt 1 des Briefes handschriftlich von Rilke: Claire Studers Anschrift: 27, rue Jasmin, Paris XVIe und sein Gedicht:]

> Ah moi à mon Tour
> si je te lis, Liliane,
> c'est sans doute par amour
> que mon être s'inganne
> de la nuit et du jour
> et que je m'agite pour
> une goutte diaphane.

[Oh, ich meinerseits, / wenn ich Dich lese, Liliane, / dann ist es zweifellos Liebe, / warum mein Wesen sich täuscht / in der Nacht und im Tag / und ich mich errege wegen / eines durchscheinenden Tropfens.]

26. AN CLAIRE GOLL NACH PARIS

> Château de Muzot sur Sierre Valais
> [Briefaufdruck] am 12. May 1923

Die Zeit geht, besonders *Deine*, Liliane, die ein Gefäll nimmt auf ein so großes Vorhaben zu, wie jene Deine Reise ist. Ich sehe, ich darf nicht warten, bis ich Dir *beide* Bücher schicken kann (für die Fertigstellung der Elegieen fehlt immer noch jedes Anzeichen), so send ich Dir das eine, das seit ein paar Wochen vorliegt: Die Sonette an Orpheus. Und kann Dir heute nicht einmal recht dazu schreiben; denn, nach langer Einsamkeit, hat eine Zeit der Besuche auf Muzot eingesetzt, – einer reicht dem Andern die Thür, es hat kein Ende und Absehen. Aber Du wirst ja auch keinen Brief entbehren im Besitz jenes Buchs, das voll meiner Stimme ist, voll meines Daseins. Und daß Du's wirst zu nehmen wissen, liebevolle Liliane, darüber – wenn das nöthig gewesen wäre – beruhigt mich Dein Brief mit jedem Wort, jedem Strich, jedem Wortzwischenraum.

Du fragst wegen jener Übersetzung Deiner Freundin: mir haben in der letzten Zeit mehrere französische Versionen des

Cornet vorgelegen, keine hat mich recht befriedigen und freuen wollen; überdies ist auch in Vincennes ein junger Dichter an einer Übertragung, so viel ich weiß. Ich rathe keinem, weder zu noch ab, – c'est si loin et si peu de chose ..., wenn das Original durch die Jugendlichkeit seiner Allüre eine Art Geltung behält, ist *die* hinüber zu retten in die Verwandlung und lohnts überhaupt?

Nur dies, Liliane, eilig; ich laß nun die Sonette reden. (Nebenbei: das Sechzehnte im Ersten Theil – Seite 22 – ist an einen *Hund* gerichtet; ich mochts nicht ausdrücklich anmerken, denn, mit solchem Hinweis, würd ich ihn, den ich ganz hereinzunehmen meinte, doch wieder irgendwie ausgeschlossen haben. – Manches Andere, was ich sonst, im Vorlesen, gelegentlich dazusage, wirst Du errathen oder überhaupt wissen.)

Und nun wünsch *ich* diesmal: eh Du in's Dschungel fährst, schick mir noch einen kleinen Gruß. Wann kommst Du zurück nach Paris?

Auf Wiedersehen.

Rainer.

27. AN RAINER MARIA RILKE NACH SIERRE / VALAIS

[Paris XVI, 27, rue Jasmin],
Mai [19.5.1923]

Du,
wie damals, wage ich es nicht Dich zu nennen. Wie könnten meine irdischen Worte bis in Deine Tiefe dringen!

Und wie damals möchte ich wieder zu Dir beten, Du mein Heiliger.

Wie hast Du die Erde vertont! Endgültig wird alles was Dein Hauch berührt: Pferd, Hund, Rose, Baum und Frucht. Aus eines Überirdischen Ohr rinnen die Töne, wie er sie hörte, als Musik in die Dinge zurück: Brunnen, Wind, Quelle und alles was singt. Du hast sie neu erschaffen aus dem Ur. Nach langer innerer Pause spür ich durch Dich wieder Unendlichkeit, Raum und Gestirn.

Was soll da Kritik, selbst wenn ich fühle, daß in Dir Mallarmé vertiefter wiedergeboren ist? Ich kann Dir nur danken für Dein großes Geschenk und in Demut Deine Hände küssen.

    Deine kleine Liliane.

28. AN RAINER MARIA RILKE NACH SIERRE / VALAIS

    [Paris XVI, 27, rue Jasmin]
    [2.6.1923]

Ich sehne mich sehr nach Deinen blauen Briefen. Aber es kommt keiner durch den Regen. Fahre erst im Winter zu Deinen Panthern nach Afrika. Schreib

    Liliane.

29. AN RAINER MARIA RILKE NACH SIERRE / VALAIS

    [Paris XVI, 27, rue Jasmin]
    [2.7.1923]

Wo bleibt der blaue Vogel? Auch das zweite, mir verheißene, Buch, kommt nicht!

Marthe Lurçat und ich sprachen kürzlich lange von Dir, von was sollten wir sonst sprechen? Ich gab auf ihre Bitte Deine Adresse, vielleicht hätte ich es nicht tun dürfen, fiel mir später ein. Wenn Du mich vielleicht deshalb mit noch längerem Schweigen strafst!

Ich bitte Dich wie ein Kind: schenk mir einen Brief.

    Liliane.

30. AN CLAIRE GOLL NACH PARIS,
Nachgesandt nach Cavalaire (Var)

Château de Muzot sur / *Sierre*
(Valais) Suisse, am 24. July 1923

Liliane,

Du reiches Kind, mit den trotzdem hergestreckten Händen, Du bewegliche Dichterin Deiner selbst, – daß ich Dir keinen Brief schenke, kommt daher, daß ich fort war, sechs, sieben Wochen, und nun gleich wieder fortgeh, und keinen Brief in meine Abwesenheit nachgeschickt bekam, so daß ich nun (kannst Du Dir denken) Berge auf meinen Tischen habe ... Eine Schweiz von Korrespondenzen, ach und mir wär es so nach Ebene zumuth. Deine beiden Briefchen waren nicht gedrückt unter der Masse, lagen leicht, wie eben niedergelassen aus ihrem (Deinem) Flug.

Hör: Die »Elegien«! Es giebt sie vor der Hand nur in einer »Vorzugs-Ausgabe«, von der viel zu bekommen, ich nicht den Vorzug habe. Zwei, drei Exemplare und ebensoviele über die Zahl gedruckte, en tout.

Aber eines davon, Liliane, ist Deines. Ich schick Dirs heute: die kleine Zeit, es einzupacken, war nicht eher abzugewinnen.

Und nun nimm's zu Herzen.

Niemand, niemand, Liliane, ist auf der Welt, der meine Adresse nicht haben sollte. Wie sollt's mir unrecht sein, daß Du sie an Marthe ausgeliefert hast. (Vorwurf genug für mich, daß sie sie nicht besaß).

Auf Wiedersehen, einmal in Paris.
Rainer.

31. AN RAINER MARIA RILKE NACH SIERRE / VALAIS

Cavalaire (Var) France.
[4.8.1923]

Du hast mich königlich beschenkt; denn Du hast mich bis ins Herz erschüttert, Rainer.

Nur das Mittelmeer, vor dem ich liege, Dein herrliches Buch an die Seele haltend, ist ebenso groß.

Seit Goethe ist kein deutscher Dichter dieser leidenden Vollendung fähig gewesen. Kosmisch sind die Elegien, auf jeder Seite eine Begegnung mit Gott. Wie strömt doch alles was Dein unsterbliches Wort berührt, zurück zum Weltraum, dem es entsprang! ——

Ach so sehr mischt sich in meine Anbetung vor dieser Schöpfung der irdische Wunsch Dich wiederzusehn, wiederzufühlen. Jene große einmalige Begeisterung zu erleben, die sich nur noch in »Portugiesischen Sonetten« äußern kann! Denn: vielleicht »sind die Verlassenen liebender als die Gestillten«, aber um wie vieles sind sie auch schmerzender!

Wie soll ich Dir danken? Alles was mein Herz hier gesammelt hat: Mimosen, Falter, Seesterne, das blaue Gefühl des Meeres, Geheimnisse seiner Muscheln und Steine und die Ewigkeit, die mir der Seewind schenkte, schenke ich Dir.

Liliane.

32. AN RAINER MARIA RILKE NACH SIERRE / VALAIS,
Nachgesandt nach Meilen / Zürichsee

[Paris XVI, 27, rue Jasmin]
Oktober. [12.10.1923]

Rainer,
Du, der Du so viel weißt vom Tod, kannst Du mir nicht helfen in meiner großen Traurigkeit? Vor acht Tagen starb mir

mein Vater. Ich stehe zum ersten Mal vor etwas Riesigem, dem ich noch nicht gewachsen bin. Wie groß muß man sein, um vor dem Tod bestehen zu können? Enthält er schon unsre Verwandlung, der fremde unbegreifliche Tod der Anderen? Müssen wir durch ihn hindurch und wohin? Schreib es mir, Du weißt es!

Liliane.

33. AN CLAIRE GOLL NACH PARIS

z. Zt.: Bern, Hôtel Bellevue,
am 22. Oktober 1923

Liliane,

eh ich Dir dieses schreibe, zerriß ich einen vorgestern abend an Dich geschriebenen Brief; denn ich mag Dir nicht »Allgemeines« sagen, im Augenblick, da Du meinen Zuspruch verlangst, und doch, sag selbst, *wie* das Besondere finden, das genau für Dich Gültige, da ich doch nur so schlagwörtlich von der Art der Heimsuchung unterrichtet bin, die Dich prüft und auf harte Probe stellt.

Siehst Du, ich meine, daß Du nun, da Dir zum ersten Mal zugemuthet wird, im Tode des unendlich Nächsten den Tod zu erleiden, den ganzen Tod, (irgendwie mehr als nur den Deinigen, möglichen –), daß jetzt der Augenblick ist, da Du am Fähigsten bist, das reine Geheimnis wahr-zu-nehmen, das, glaub es mir, nicht des Todes, sondern des Lebens ist.

Jetzt heißt es, in einer unerhörten und unerschöpfbaren Großmuth des Schmerzes, den Tod, den ganzen Tod, da er durch ein Dir Theueres Dir greifbar geworden ist (und Du dadurch verwandt mit ihm), zum Leben hinzuzunehmen, als ein nicht mehr Abzulehnendes, nicht länger Verleugnetes. Reiß es an Dich, dieses Entsetzliche, *spiele*, solang Du's nicht leisten kannst, eine Vertraulichkeit zu ihm, schreck es nicht ab, indem Du vor ihm (wie alle anderen) erschrickst. Geh mit ihm um, oder, wenn das noch zuviel verlangt ist von Deiner

Überwindung, halt wenigstens still, so daß es ganz nahe kommen kann, das immer verjagte Wesen des Todes, und sich Dir anschmiege. Denn dies ist, siehst Du, der Tod geworden bei uns, dies immer Verscheuchte, das sich nie mehr zu erkennen geben konnte. Wenn der Tod, im Augenblick da er uns kränkt und erschüttert, einen, den Geringsten von uns, vertraulich fände (und nicht voll Grauen), in was für Geständnissen ginge er – endlich – zu ihm über! Ein kleiner Moment nur des gut Gewilltseins zu ihm, eine kurze Unterdrückung des Vor-Urtheils, und schon hat er unendliche Anvertrauungen bereit, die unsere Ahnung überwältigten, ihn, in zitternder Abwartung, zu ertragen. Geduld, Liliane, nichts als das; Geduld.

Eingeführt in's Ganze, eingeweiht, begehst Du das ernste Fest Deiner Selbständigwerdung. Genau um den Schutz, den Du nun verlorst und entbehrst, wirst Du selbst schutzgebender, schützender. Die Vereinsamung, die Dich überfiel, macht Dich fähig, ebensoviel Einsamkeit anderer ins Gleichgewicht zu heben. Und was Dein eigenes Schwersein angeht, bald wirst Du merken, es hat Deinem Dasein ein neues Maaß gesetzt, eine neue Maaßeinheit des Leistens und des Ertragens.

Ich rathe, Liliane; ich will mehr nicht versuchen, als Dir nahe zu sein in diesen einfachen Worten. Später einmal wirst Du mir sagen, ob sie Dir haben rathen können, denn an Beistand und Trost reicht ja keiner heran, es sei denn durch Gnade.

    Rainer

(P.S. Ich bin, nach längerem Verreistsein, einer Kurzeit und anderem Wechsel, auf dem Rückweg nach Muzot.)

34. AN RAINER MARIA RILKE NACH SIERRE / VALAIS

[Paris XVI, 27, rue Jasmin]
24. Oktober [19]23

Ich danke Dir, Du Lieber. Wie wahr Du fühlst! Ja, ich bin zum ersten Mal gestorben und es war als läge ich unter dem riesigen All begraben. Und zuweilen noch liegt der ganze Raum erstickend auf mir; denn ich bin doch noch zu jung und zu irdisch zum Sterben und so ganz unvorbereitet und nicht mit den heiligen Symbolen versehen mit denen ein Halbgott wie Du einem so großen Schicksal standhält. Jetzt aber fange ich an uralt zu werden; denn nun fühle ich zurück bis zum ersten Menschen. Durch alle Geschlechter hindurch verbindet uns der Tod. Aber noch immer ist ein Grauen in mir, ein so fremdes Grauen und nicht jene Vertrautheit, die Du forderst und für die ich noch zu klein bin. Als Kind saß ich jahrelang im Friedhof, spielte Murmeln mit dem Tod, kokettierte mit dem Selbstmord und beneidete die ausgestellten Leichen ohne zu begreifen, daß sie tot sind.

Und doch bin ich jetzt durch meinen Vater mit der Unendlichkeit verbunden. Ohne jene Macht an der man vorbeilebt und die man mit seinem Zweifel herausfordert, bis sie Dir mit dem riesigen Wunder, dem Tod, antwortet.

Und jetzt sind mir auch Deine Worte bewußt geworden, daß man zunimmt an sich und für die Anderen, daß der Tod im Nehmen gibt.

Aber, da ist noch eines, Rainer, hilf mir auch darin. Nicht wahr, man kann den Tod, die Sterne oder eine Ameise nicht sehen ohne zu glauben? Und doch sah ich diesen Sommer wie ein Sperber eine demütige Taube zerriß und ich hörte, daß das Wiesel dem frommen Hahn das Gehirn aussaugt.

Und nun leide ich sehr unter der Erkenntnis des Bösen. Wer ist beteiligt an der unlogischen Qual dieser unschuldigen Tiere? Und wo verbirgt sich während dieser Zeit Gott, wenn er existiert?

Vielleicht lächelst Du über meine kindlichen Fragen? Hilf mir trotzdem, Du kannst es, Du bist so groß ——

Von allen Menschen, die ich liebe, verehre ich Dich am tiefsten und innigsten.

           Liliane.

35. AN RAINER MARIA RILKE NACH SIERRE / VALAIS

[Paris XVI, 14.12.1923]

Le boulevard nostalgique.

A six heures, nous nous sentons plus seuls:
Quand sur l'écran du ciel
Passe le film doré des autres mondes
Et que des étoiles chastes
Font de la publicité pour Dieu.

Alors je sens le rhythme des roues de la terre:
In-fin-ni! In-fi-ni!
L'éternité se pose sur les forêts
Les pins ivres de lune
Et les oiseaux s'arrêtent de grandir.

Rêve! Tandis que sur les boulevards
Nous portons l'imperméable du destin
Et nos cœurs n'ont plus de saison:
De fausses roses poussent sur mon chapeau
Les lampes à arc me font des taches de rousseur.

J'ai froid malgré tous les radiateurs
L'antique châle de cachemire
Fait de vent rose et vespéral
Ne sert plus à rien.

Les antennes de mon cœur frissonnent
D'un chant d'amour sans fil.
Un cheval passe lentement à travers moi
Tout l'au-delà dans ses yeux tristes
Et l'univers dans son fiacre.

Deux colombes enceintes se rappellent
Les prés adolescents
Et les collines féminines
Au chignon roux de camomilles.

Cependant nous –
Nous achetons le journal du soir.
Je voudrais être la femme aux initiales : C. G.
Qui se noya dans un canal banal.

Déjà je sauterais avec les anges
Par le cerceau de Saturne !
Au lieu d'acheter des bas d'azur
Qui m'emportent vers mon amant imaginaire.

A l'homme qui habite l'arc-en-ciel, qui se nourrit du lait des vaches de la voie lactée et qui enverra bientôt une étoile filante d'un bleu céleste à
        Liliane, qui pense à lui,
comme on pense à Dieu.

                              Noël 1923

[Der Nostalgie-Boulevard

Um sechs Uhr fühlen wir uns einsamer: / Wenn auf der Himmels-Leinwand / Der vergoldete Film von den anderen Welten läuft / Und die keuschen Sterne / Für Gott Reklame machen. // Jetzt fühle ich den Rhythmus der Räder der Erde: / Un-end-lich! Un-end-lich! / Die Ewigkeit legt sich auf die Wälder / Die mond-trunkenen Kiefern / Und die Vögel hören auf zu wachsen. // Traum! Während auf den Boulevards / Wir den Schicksals-Regenmantel tragen / Und unsere Herzen keine Jahreszeit mehr haben: / Wachsen falsche Rosen auf meinem Hut / Machen mir die Bogenlampen Sommersprossen. // Ich friere trotz all der Heizkörper / Der uralte Kaschmir-Schal / Aus rosigem und abendlichem Wind / Taugt zu nichts mehr. // Die Antennen meines Herzens erzittern / von einem drahtlosen Liebeslied. / Ein Pferd geht langsam durch mich hindurch / Das ganze Jenseits in seinen traurigen Augen / Und das Universum in seinem Fiaker. // Zwei schwangere Tauben erinnern sich / An die jugendlichen Wiesen / Und die weiblichen Hügel / mit dem von Kamillen roten Haarknoten. // Dagegen wir – / Wir kaufen die Abend-Zeitung. / Ich wollte ich wäre die Frau mit den Initialen: C. G. / Die sich ertränkt hat in einem banalen Kanal. // Jetzt schon würde ich mit den Engeln springen / Durch den Reifen des Saturn! / Statt Strümpfe aus Himmelsblau zu kaufen / Die mich zu meinem imaginären Geliebten tragen.

Dem Mann, der im Regenbogen wohnt, der sich nährt von der Milch der Milchstraßen-Kühe und der bald eine Sternschnuppe von himmlischem Blau schickt an / Liliane, die an ihn denkt, wie man an Gott denkt. Weihnachten 1923]

36. AN CLAIRE GOLL NACH PARIS

  Château de Muzot s / *Sierre* (Valais) Suisse
  ce 5 Février 1924

J'ai bien, vers Noël, senti ton approche légère par »le boulevard nostalgique«, tendre Liliane, et j'ai voulu te répondre sur le même plan. Si je suis tard, c'est que je passe un assez piètre hiver, j'ai même dû – le cœur gros – quitter dernièrement ma bonne vieille tour, pour aller faire un traitement à la montagne près de Montreux. Je suis de retour depuis peu. Je m'arrange mal à cette nécessité d'aller quérir les médecins: moi qui, pendant 23 ans, ai vécu sans jamais recourir à un interprète pour m'expliquer avec ma nature. Nous étions tellement du même langage!

 Assez; n'y pensons pas.

 Je viens de recopier pour toi de mon carnet de poche quelques improvisations qui te reviennent par ton gentil »boulevard«. Je n'ose pas dire que ce soit du français; c'est un élan du souvenir vers une langue entre toutes aimée. Les vers qui un peu, malgré moi, s'y rapprochent, sentent, je crains, le pastiche. Mais chez toi ils ne seront ni blâmés, ni méconnus, mais aimés tout simplement.

 J'ai hâte de les expédier me rappelant tes projets d'Afrique. Quand est-ce que tu partiras vers la Panthère? Fais-moi un petit signe au moment du départ pour que mes pensées puissent te suivre dans l'éblouissante aventure!

                Rainer

Rainer Maria Rilke

à Liliane

*

Ce soir mon cœur fait chanter
des anges qui se souviennent ...
Une voix, presque mienne,
par trop de silence tentée,

monte et se décide
à ne plus revenir;
tendre et intrépide,
à quoi va-t-elle s'unir?

* *

*

Lampe du soir, ma calme confidente,
mon cœur n'est point par toi dévoilé;
on s'y perdrait peut-être; mais sa pente
du côté sud est doucement éclairée.

C'est encore toi, ô lampe d'étudiant,
qui veut que le liseur de temps en temps
s'arrête, étonné, et se dérange
sur son bouquin, te regardant.

(Et ta simplicité supprime un Ange).

* * *

*

Qu'est-ce que les Rois Mages
ont-ils pu apporter ?
Un petit oiseau dans sa cage ;
une énorme clef

de leur lointain royaume,
et le troisième du baume
que sa mère avait préparé
d'une étrange lavande

de chez eux.
Faut pas médire de si peu,
puisque ça a suffi à l'enfant
pour devenir Dieu.

———

*

Tout vous dire serait trop long.
D'ailleurs on lit dans la bible
en quoi le bon est nuisible,
en quoi le malheur est bon.

Invitons du nouveau
en unissant nos silences ;
si, d'emblée, on avance,
nous le saurons tantôt.

*

De quelle attente, de quel
regret sommes-nous les victimes,
nous qui cherchons des rimes
à l'unique universel ?

Nous poursuivons notre tort
en obstinés que nous sommes;
mais entre les torts des hommes,
c'est un tort tout en or.

———

*

Sur le soupir de l'amie
toute la nuit se soulève,
une caresse brève
parcourt le ciel ébloui.

C'est comme si dans l'univers
une force élémentaire
redevenait la mère
de tout amour qui se perd.

* *
*

Combien a-t-on fait aux fleurs
d'étranges confidences,
pour que cette frêle balance
nous dit le poids de l'ardeur.

Les astres sont tous confus
qu'à nos chagrins on les mêle; –
et du plus fort au plus frêle
nul ne supporte plus

notre humeur variable,
nos révoltes, nos cris –,
sauf l'infatigable table
et le lit, (table évanouie).

* * *

[Ich habe, um Weihnachten, Deine sanfte Annäherung auf dem »Nostalgie-Boulevard« deutlich gefühlt, zärtliche Liliane, und ich wollte Dir auf der gleichen Ebene antworten. Wenn ich spät dran bin, dann deshalb, weil ich einen ziemlich erbärmlichen Winter durchmache. Ich mußte sogar – schweren Herzens – neulich meinen guten alten Turm verlassen, um mich einer Behandlung in den Bergen bei Montreux zu unterziehen. Ich bin seit kurzem wieder zurück. Ich gewöhne mich schwer an die Notwendigkeit, Ärzte um Rat fragen zu müssen: ich, der ich 23 Jahre lang gelebt habe, ohne mich jemals an einen Dolmetscher zu wenden, um mich mit meiner Natur auszusprechen. Wir sprachen so sehr die gleiche Sprache!

Genug; denken wir nicht mehr daran.

Ich habe für Dich aus meinem Notizbuch einige Improvisationen abgeschrieben, die nun auf Deinem lieben »Boulevard« zu Dir gelangen. Ich wage nicht zu behaupten, daß das Französisch ist; es ist ein Aufschwung der Erinnerung zu einer Sprache hin, die mir von allen die liebste ist. Die Verse, die sich ihr gegen meinen Willen ein wenig nähern, riechen ein bißchen nach Abklatsch, fürchte ich. Aber bei Dir werden sie nicht getadelt, nicht verachtet –, sondern ganz einfach geliebt.

Ich beeile mich, sie abzusenden, weil mir Deine Pläne bezüglich Afrika einfallen. Wann wirst Du zum Panther reisen? Gib mir ein kleines Zeichen, wenn Du abreist, damit meine Gedanken Dir in das strahlende Abenteuer folgen können!

Rainer

Rainer Maria Rilke

für Liliane

[I]

Heute abend macht mein Herz / Engel singen die sich erinnern ... / Eine Stimme, beinah die meine, / von zuviel Stille versucht, // steigt an und entschließt sich / nicht mehr wiederzukommen; / zart und unerschrocken, / womit wird sie sich vereinigen?

[II]

Abendlampe, meine ruhige Vertraute, / mein Herz wird von dir gar nicht entblößt; / man würde sich dort vielleicht verlieren; aber sein Abhang / auf der Südseite ist sachte beschienen. // Wiederum Du, oh Lampe aus Studentenzeiten, / willst, daß der Lesende von Zeit zu Zeit / einhält, erstaunt, sich stören läßt / über seinem Schmöker und dich ansieht. // (Und deine Einfachheit macht ein[en] Engel schwinden.)

[III]

Was haben die Drei Weisen / schon bringen können? / Einen kleinen Vogel im Käfig, / einen Riesenschlüssel // von ihrem fernen Königreich, / und der Dritte Balsam, / den seine Mutter bereitet hatte / aus einem fremdartigen Lavendel // von da bei ihnen. / Nicht lästern soll man über so wenig, / denn das reicht dem Kind, / um Gott zu werden.

[IV]

Euch alles zu sagen, dauerte zu lang. / Außerdem steht in der Bibel, / was am Guten schädlich ist, / was am Unglück gut ist. // Laden wir Neues ein / und tun unsere Schweigen zusammen; / wenn es, sofort, vorangeht, / wissen wir es gleich.

[V]

Welchen Wartens, welchen / Bedauerns sind wir die Opfer, / wir, die wir Reime suchen / auf das einzig Allgemeine? // Wir setzten unser Unrecht fort, / hartnäckig, wie wir damit sind; / aber unter all dem Unrecht der Menschen / ist das ein Unrecht ganz aus Gold.

[VI]

Beim Seufzer der Freundin / hebt sich die ganze Nacht, / eine kurze Liebkosung / durchläuft den geblendeten Himmel. // Es ist als würde im All / eine Urkraft / wieder die Mutter / aller Liebe, die sich verliert.

[VII]

Wieviele merkwürdige Geständnisse / hat man den Blumen gemacht, / damit diese schwache Waage / uns das Gewicht der Begierde sagt. // Die Sterne sind alle bestürzt, / daß man sie mit unseren Sorgen verbindet; – / und vom stärksten bis zum schwächsten erträgt keiner mehr // unsre wechselnden Launen, / unsre Revolten, unsre Schreie –, / nur der unermüdliche Tisch / und das Bett (vergangener Tisch).]

37. AN RAINER MARIA RILKE NACH SIERRE / VALAIS

[Paris XVI, 27, rue Jasmin]
Am 15. Februar 1924.

Denke Dir, Rainer, man trägt mich aus einer traurigen Klinik in der ich 10 Tage unendlich gelitten habe, in mein Zimmer zurück und mein erster Blick fällt auf ein gelbes Kuvert. Und dahinter soviele Überraschungen! Eine resedagrüne, eine rosaseidene, ein Brief bleu horizon und daß [sic!] herrliche Buch, von jetzt ab mein livre de chevet. Ich hätte am liebsten alles noch einmal zusammengebunden um es immer und immer wieder aufmachen zu können. Ach Du verstehst so schön zu schenken!

Zuerst freute ich mich lange an Deiner Schrift; denn weißt Du ich habe Deine Schrift so lieb. Die gothische noch mehr wie die lateinische. So sehr sind diese Zeichen Du, manchmal vielleicht noch mehr als Deine Worte.

Aber dann war ich traurig Dich krank zu wissen. Wie gerne hätte ich Dich gepflegt. Wie leidenschaftlich gerne; aber Du willst nun einmal nicht von meiner Liebe Gebrauch machen! Sag mir was Dir fehlt. Ob Du leidest. Ob Du nun ganz gesundet bist. Beruhige mich! Aber schnell!

Deine Gedichte. Sind natürlich weit von den »Elegien«. Aber sie haben einen Liebhaberwert oder vielmehr Liebhaberinnenwert. Denn wie Du ganz richtig sagst, alles was von Dir kommt wandert direkt in mein Herz und wird in der zweiten Schublade der rechten Kammer, wo alle Heiligtümer liegen, aufbewahrt. Ganz besonders liebe ich Les Rois Mages.

Wann werde ich Dich wieder sehen, hören? Wie magst Du jetzt aussehen? Bist Du noch immer so schön?

Alle meine Sehnsucht geht nach der Schweiz: nach Zürich zu meinem Kind, nach Sierre zu Dir. Und ich warte immer, daß Du mir die 5 Tage schenkst, die Du mir einmal versprochen hast. Ein Heiliger sollte Wort halten!

Augenblicklich dichtet es aus mir. Viel Leid macht mich reich. So schreibe ich denn. Auch hat man [von] mir ein Marionettenspiel für das Théâtre des Champs Elysées verlangt.

Die Bitte einer Gymnasiastin: Ich möchte Dein Bild. Vielleicht eine [sic!] Photo der Skulptur von Huf. Ja? Bitte!

Du kannst auch meine haben; aber ich sehe nur aus wie eine kleine Französin, während Du wie Rilke aussiehst. ——

Nach Afrika gehe ich kaum, bekam schon hier den Sonnenstich davon.

Und nun, lieber gütiger Rainer, schreib bald
                 Deiner Liliane.

38. AN CLAIRE GOLL NACH PARIS

Château de Muzot s / *Sierre* (Valais) Suisse,
[2.6.1924]

Juny ...
                    da stock ich schon,
Liliane, dreimal »May« kann man schreiben in einem, in Deinem Athem, aber dreimal:
                    Juny ...?

Und stocke gleich weiter –, ganz erschrocken, daß ich Dir, Liliane, wie Du nun sagst, ein »Schicksal« »auferlege« .... o weh, wär es so (Du kennst mich), was könnt ich thun, es zu erleichtern, zu ändern? (: höchstens seine Kümmernisse gegen andre eintauschen!) Aber es *ist* nicht so, es soll nicht so sein –, tu te trompes dans ton ardeur infinie, égarée par toutes ces voix d'oiseaux dans la chaude nuit de ton cœur que tu m'énumères.

Je suis seul; et je serais tout heureux, ma petite Liliane, de te montrer ma vieille tour et mes cent roses qui commencent à s'ouvrir à l'été ..., seulement je crois, que Du *nur* kommen sollst, wenn Du irrst, wenn es *kein* Schicksal ist, das ich Dir, wie ich auch sei, »auferlege«. Sonst wärs ja ein Betrübnis sich wiederzusehen, statt einer Freude, und ich bitte Dich, wenn Du kämst, um *diese*, um die Freude, je größer je besser!

Und das müßte dann bald, baldigst, sein, denn es wäre denkbar, daß ich so um den zehnten herum für ein paar Tage fortginge. Die Station ist *Sierre*, ich müßte Dich auch unten im »Bellevue« logieren. Schick mir ein Telegramm.

Au revoir, Liliane aux beaux bras et au cœur plein d'oiseaux,

                                                    Rainer

39. AN RAINER MARIA RILKE NACH SIERRE / VALAIS

[Paris, 4.6.1924, Télégramme]

Pourrai je venir dans quatre cinq semaines sinon viendrai immédiatement télégraphie moi.

Liliane

[Könnte ich in vier fünf Wochen kommen – wenn nicht, komme ich sofort – telegraphiere mir. Liliane]

40. AN CLAIRE GOLL NACH PARIS

[Château de Muzot] Sierre 5/6
[5.6.1924, Télégramme]

DONC A PLUS TARD CAR JE PENSE ETRE MUZOT A L'EPOQUE INDIQUEE AUTREMENT J'ESPERE QU'ALORS ON POURRA SE RENCONTRER DANS VILLE SUISSE SUR TON PASSAGE = RAINER +

[ALSO BIS SPÄTER DENN ICH DENKE ZUR ANGEGEBENEN ZEIT IN MUZOT ZU SEIN – ANDERNFALLS HOFFE ICH DASS MAN SICH DANN IN EINER SCHWEIZER STADT AUF DEINEM REISEWEG TREFFEN KANN = RAINER +]

41. AN RAINER MARIA RILKE NACH SIERRE / VALAIS

[Paris XVI, 27, rue Jasmin]
Sonntag. [15.6.1924]

Als ob ich Dir anderes mitbringen wollte, als Freude, Rainer! Ängstigt Dich das Wort »Schicksal«, dann nehm ich es zurück. Und seit ich weiß, daß ich Dich wiederhören darf, hat ja auch alle Qual ein Ende. Aber die Rosen werden wohl

gestorben sein bis zu unserem Wiedersehen! Ich muß am
1. August in Paris sein und da mir die Schweiz als Sprungbrett nach Italien dienen soll, werde ich wohl erst am 15. August dorthinfahren, um nicht wieder zurück zu müssen. So muß ich denn die Tage zählen wie ein Schulmädchen, das bald seinen Maispaziergang haben wird. Nur, daß bei Dir mehr Mai und weniger Spaziergang sein wird.

Wo werden wir uns begegnen: im Château de Muzot, in einer Stadt? Aber wo es auch sei, es wird immer ein Schloß um Dich sein. Und so ist es mir gleich.

Ich nehme mir einen Vorschuß auf unser Wiedersehen und küsse schon jetzt Deine Hand.

Liliane.

42. AN RAINER MARIA RILKE NACH SIERRE / VALAIS

[Chambon s. / Lignon (Hte Loire)]
19. Juli [19]24.

Rainer, umstehendes Gedicht zeigt Dir, wie ich mich auf Dich freue. Wenn »freuen« das richtige Wort für meine Begeisterung ist.

Wir sind nicht sehr weit von Paris auf dem Land, weil wir vom 1.-20. August dort sein müssen. Dann fahre ich nach der Schweiz. Wo bist Du um diese Zeit? Bitte schreibe es mir, bald, damit ich auf der Landkarte hinreisen kann. Einstweilen.

Bitte um ein Wort!
Liliane

Chambon s. / Lignon (Hte Loire)

43. AN CLAIRE GOLL NACH CHAMBON S. / LIGNON

z. Zt. Hof Ragaz, *Ragaz*
ce 22 Juillet 1924

Si je lis bien, Liliane, ton message aux ailes tendres et rapides –, tu n'entreras en Suisse que le 20 août passé? Cette periode me semble si lointaine dans les improvisations de mon été que je réalise au fur et à mesure des circonstances souvent imprévues, que je ne saurais pas encore te dire, si tu me trouveras à Muzot ou ailleurs.

Je suis à Ragaz, je vais à Zurich, et je pense rentrer à Muzot le 2 août. Y resterai-je? Je ne sais. Il y aura certaines difficultés, changement de bonne etc.

Mais n'importe où tu me trouveras, si tu me fixes à temps ton itinéraire. Etes-vous bien à la campagne?

Donne-moi alors de tes nouvelles, Liliane, ce serait une désolation de te manquer lors de ton passage, mais nous allons tout faire pour éviter une telle déconvenue –

Rainer.

[Wenn ich, liebe Liliane, Deine Botschaft mit den zarten und schnellen Flügeln richtig lese –, dann kommst Du erst nach dem 20. August in die Schweiz? Diese Zeit scheint mir so weit in den Improvisationen meines Sommers, die ich je nach den oft unvorhergesehenen Umständen mache, daß ich Dir noch nicht sagen kann, ob Du mich in Muzot oder anderswo findest.

Ich bin in Ragaz, ich fahre nach Zürich, und ich denke, am 2. August nach Muzot zurückzukehren. Werde ich dort bleiben? Ich weiß es nicht. Es wird gewisse Schwierigkeiten geben, eine andere Haushälterin etc.

Aber es ist ganz gleichgültig, wo Du mich findest, wenn Du mir nur rechtzeitig Deinen Reiseweg nennst. Geht es Euch gut auf dem Land?

Laß also von Dir hören, Liliane, es wäre trostlos, wenn ich Dich auf Deiner Durchreise verfehlen würde, aber wir werden alles tun, um ein solches Mißgeschick zu vermeiden – Rainer.]

44. AN CLAIRE-L. GOLL NACH PARIS,
Nachgesandt nach Zürich

Château de Muzot sur Sierre (Valais)
[Briefaufdruck] ce 15 Août 1924

Dis-moi vite, Liliane, si tes projets s'accompliront comme tu l'avais prévu? Car: Si tu entres en Suisse tout de suite après le 20 de ce mois, je pourrais encore t'attendre *ici* et te faire voir ma demeure et ce beau pays devenu mien. Ce qui serait parfait. Autrement, il faudra se donner rendez-vous ailleurs, car je compte de repartir aux Grisons peu après cette date. Donc: les tiennes, Liliane. Que je me réjouis à l'idée de te revoir bientôt!

Rainer.

[Sag mir schnell, Liliane, ob Deine Pläne sich so durchführen lassen, wie Du es vorgesehen hast? Denn: wenn Du sofort nach dem 20. dieses Monats in die Schweiz kommst, könnte ich noch *hier* auf Dich warten und Dir meine Bleibe zeigen und das schöne Land, das mein geworden ist. Das wäre prächtig. Sonst müssen wir uns anderswo treffen, denn ich habe vor, kurz nach diesem Datum nach Graubünden aufzubrechen. Also: Es liegt bei Dir, Liliane. Wie ich mich freue bei dem Gedanken, Dich bald wiederzusehen! Rainer.]

45. AN RAINER MARIA RILKE NACH SIERRE / VALAIS

Adr. b. / Herrn Dr. Lohmeyer
19 Fraumünstergasse 19 *Zürich* [19.8.1924]

[...] Nun kann ich nicht kommen. Ich will Dir Freude bringen, nicht Schmerz. Vorläufig bleibe ich noch einige Tage hier bei Freunden. Schreibe mir.

Lilanie, Du siehst, ich kann nicht mal mehr meinen Namen schreiben.

Adr. b. / Herrn Dr. Lohmeyer
19 Fraumünstergasse 19
Zürich

46. AN CLAIRE GOLL NACH ZÜRICH

Château de Muzot sur Sierre (Valais)
[Briefaufdruck] am 20. August 1924

Arme Liliane –,
und ich meinte eben, Deine Ansage zu empfangen! Mein erstes Gefühl war: daß Du nicht doch rasch herunter gereist bist, wie wärs mir gut gewesen, Dir in Deinem plötzlichen großen Schmerz wohlzuthun; die Umgebung, die Landschaft, alles würde mir vielleicht beigestanden haben. Ich würde Dirs immer noch zu bedenken geben, stünde nicht meine eigene Abreise so nahe bevor; ich wollte ja nur grade Dich noch erwartet haben!

Laß mich jedenfalls wissen, wohin Du von Zürich gehst, sowie Du's übersehen kannst. Es ist ja nun wahrscheinlich, daß ich noch *vor* Deinem Weitergehen durch Zürich reise, in diesem Fall sähen wir uns dort. Ich laß Dichs noch wissen. Vor der Hand wart ich selber auf Nachrichten, die den Tag meines Aufbruchs und die Etappen meiner Reise bestimmen werden. Und hier regnets einen kalten Regen, wie man ihn sonst im Valais, im August, nicht kennt.

Gut, Liliane, daß Du bei Freunden bist. Fühl meine Nähe und den Versuch, Dir tröstlich zu sein, der ja, ich weiß es, so hülflos bleibt, wie wir Alle sind.

Rainer.

47. AN RAINER MARIA RILKE NACH SIERRE / VALAIS

Zürich, lundi. [25.8.1924]

Rainer,
Mes états d'âme changent comme le temps de ce pays. J'avais d'abord ressenti une sorte de délivrance dont la grandeur de la mort s'entoure toujours. Mais maintenant je suis accablée par la perte irréparable, que notre égoïsme – oui c'est bien l'égoïsme du survivant – ne peut pas accepter.

Voici l'idée qui me poursuit durant toute ma vie: la mort est-elle un bien ou un mal ? Mais d'autre part est-il permis de poser cette question pour autrui ? Puis-je me consoler ?

[Blatt durchgeschnitten, Text fehlt]

Aussi je crois que ma présence ne te donnerait qu'un souvenir lugubre et pesant et je préfère rentrer demain à Paris.

J'espère te revoir là-bas un jour prochain dans des circonstances plus joyeuses.
Bien à toi
Liliane

[Rainer,
meine Seelenzustände wechseln wie das Wetter dieses Landes. Zuerst fühlte ich eine Art von Befreiung, mit der sich die Größe des Todes immer umgibt. Aber jetzt bin ich durch den unersetzlichen Verlust niedergedrückt, den unser Egoismus –

ja, es ist eben der Egoismus des Überlebenden – nicht annehmen will.

Dieser Gedanke verfolgt mich mein ganzes Leben lang: ist der Tod gut oder böse? Aber andererseits: ist es erlaubt, diese Frage für einen anderen zu stellen? Wie kann ich mich trösten?

[Blatt durchgeschnitten, Text fehlt]

Deshalb glaube ich, daß meine Gegenwart Dir nur eine unheimliche und bedrückende Erinnerung hinterlassen würde, und ich ziehe es vor, morgen nach Paris zurückzukehren.

Ich hoffe, Dich dort bald in glücklicheren Umständen wiederzusehen. Herzlich Liliane.]

48. AN CLAIRE GOLL IN PARIS

>Hôtel Foyot, 33 rue de Tournon, [Paris]
>*ce Vendredi* [20.2.1925]
>[Pneumatique]

Liliane,
  êtes-vous, dites, de retour de Mégève? – Tu seras plus qu'étonnée d'apprendre que me voici à Paris, depuis six semaines environ, et tu ne voudras pas croire que de si près, je continue mon long et obstiné silence; celui-ci, je compte te l'expliquer de vive-voix, Liliane: ayant été mal, physiquement surtout, je n'aurais pu écrire la moindre lettre sans que s'y glissât un fâcheux reflet de mon intime malaise. Ce n'est pas cela qu'il te fallait à un moment difficile de ta vie intérieure. De Mégève, de la montagne, de ce changement pendant ces quelques semaines détachées, en as-tu rapporté un bon résultat valide? Dis-le moi bientôt.

R.

[Liliane,
sagen Sie, sind Sie aus Mégève zurück? – Du bist wohl mehr als erstaunt, wenn Du erfährst, daß ich hier in Paris bin, seit etwa sechs Wochen, und Du willst sicher nicht glauben, daß ich mein langes und hartnäckiges Schweigen aus so großer Nähe fortsetze; das denke ich Dir mündlich zu erklären, Liliane: weil es mir schlecht ging, vor allem physisch, hätte ich nicht den kürzesten Brief schreiben können, ohne daß dort ein unangenehmer Reflex meines inneren Unwohlseins hineingeraten wäre. Und das hättest Du in diesem schwierigen Augenblick Deines persönlichen Lebens gerade nicht gebraucht. Haben Dir Mégève, die Berge, die Veränderung während dieser losgelösten Wochen ein taugliches Ergebnis gebracht? Sag es mir bald. R.]

49. AN CLAIRE GOLL IN PARIS

> [Hôtel Foyot, 33 rue de Tournon, Paris]
> *ce mercredi,* matin [25.2.1925]
> [Pneumatique]

Enfin je vois un peu plus clair dans la disposition difficile de mon temps; j'ai dû combattre pour garder libre l'après-midi de demain, jeudi, à partir de cinq heures.

Voudras-tu me le rendre familier en me donnant cette heure tranquille que je désire depuis des semaines? S'il n'y a pas de réponse, j'admets que tu m'attends.

> Au revoir, Liliane,
> enfin!
>
> Rainer

[Endlich sehe ich ein bißchen klarer bei der schwierigen Einteilung meiner Zeit; ich habe darum kämpfen müssen, mir morgen, Donnerstag, den Nachmittag ab 5 Uhr frei zu halten.

Willst Du ihn mir angenehm machen und mir diese ruhige

Stunde schenken, nach der ich mich seit Wochen sehne? Wenn ich keine Antwort erhalte, nehme ich an, daß Du mich erwartest. Auf Wiedersehen, Liliane, endlich! Rainer]

50. AN RAINER MARIA RILKE IN PARIS

[Paris XVI, 27, rue Jasmin]
Sonnabend. [28.2.1925]

Einen roten Gruß zuvor! Es sind zwar nur späte Enkel Deiner köstlichen Rosen. Denn nun beginne ich erst zu ahnen was »Rose« heißt.

Wenn Du mir irgend etwas zu Liebe tun kannst, Rainer, dann bitte ich Dich in den nächsten Tagen mit mir zu meinem Arzt zu gehen. Ich erzählte ihm von Deinem Leiden und er versprach mir Dich in kürzester Zeit zu heilen. Beruhige mich und sprich wenigstens mit ihm! Sollte denn dieser Gang zur Gesundung nicht wichtiger sein, als alle anderen, die in mondäne Pariser Salons münden?

Erlaube mir das Gefäß, aus dem die unbegreiflichsten Blumen wachsen, mitzubehüten.

Ich bin Dir hingegeben

Liliane

(Adresse von Charles Wolff
 3 Place d'Anvers)

51. AN RAINER MARIA RILKE IN PARIS

[Paris XVI, 27, rue Jasmin]
Im April [1925]

Nun hab ich schon vier Wochen von der Begegnung mit Dir gelebt. Ist man doch so beschenkt, wenn man Dich nur ansieht, geschweige wenn man Dich hört! Und ich hab mir soviel Gewalt angetan zu schweigen, trotzdem mein Gefühl zu Dir von Zeit zu Zeit zum Niagara wird. Jetzt aber kann ich ihm nicht länger Schleußen [sic] anlegen, doch erschrick nicht: es ist auch kein lärmender, tobender Fall, es ist nur eine so begeisterte, wilde Zärtlichkeit, die sich nicht mehr bändigen läßt.

Der Frühling und Du sind in Paris! Ich wandere durch alle Straßen, durch die *Du* vielleicht gegangen bist. Ich pflücke im Luxembourg von den Bäumen die Knospen und die Blikke, die Du an sie verloren hast. Aber ich sehne mich so nach Deiner Stimme, deiner herrlichen Stimme, wenn sie mit Rosenblättern Musik macht. Wenn ich an Dich denke wird mir so rot zu Mut wie den Rosen, die Du erfunden hast; denn vor Dir waren sie nicht da. Ach, sei gütig, komm doch, bring mir nur auf eine Stunde Deine Hand mit, damit ich sie anbeten kann. Denn um Dich selbst anzubeten, bräuchte ich ein ganzes Leben; Du weißt es ja, daß ich seit 8 Jahren noch nicht wagte zu erfahren ob Du es bist oder der liebe Gott.

Und verzeih mir, daß ich Dich so über alle Grenzen lieb habe!

    Liliane

52. AN RAINER MARIA RILKE IN PARIS

[Paris XVI, 27, rue Jasmin]
[April-25.6.1925]

Einige Nelken aus dem Körbchen auf meiner Brust
                                    Liliane.

53. AN RAINER MARIA RILKE NACH PARIS

Hôtel International
Châtel-Guyon (Puy-de-Dôme) [25.6.1925]

Wärst Du so gütig, Rainer, mir einige Auskunft über Valmont s / Territet zu geben? Den Namen des Sanatoriums und Arztes etc. Ich wäre Dir sehr dankbar. Wie Du siehst, habe ich jetzt erst mein Reiseprojekt, von dem ich Dir vor Monaten sprach, ausgeführt; denn inzwischen kam meine Freundin, Elisabeth Bergner, nach Paris. Ich hätte so sehr gewünscht, daß Ihr Euch kennen lernt, aber Du willst ja schon fast verschollen für mich sein.

Wenn es Dir nur immer gut geht. Ich hörte oft von gemeinsamen Freunden von Dir aber es war immer eine Drehtüre da: Du warst stets gerade hinausgegangen, wenn ich hereinkam, sagten sie.

Ich grüße Dich mit dem Herzen
Liliane.

54. AN CLAIRE GOLL NACH CHÂTEL-GUYON

Hôtel Foyot, 33, rue de Tournon, Paris VIème
am 29. Juny 1925

Liliane,

Du weißt es selbst, nichts ist schwerer aufzuklären, als ein Schweigen, das sich einem mehr und mehr von innen her auferlegt; hier hat alles nach und nach dazu beigetragen, das meine zu verdichten, nicht nur gegen Dich zu, überhaupt.

Elisabeth Bergner aber hab ich schön und lebhaft gesehen und eine Stunde mit ihr verbracht, die wir uns einander gegenseitig ins Licht gerückt haben: in *ihr* strahlendes Licht.

Nun zu Deiner Frage: Das Sanatorium selbst heißt *Val-Mont* s. / Territet; zu erreichen von Montreux aus mit einer kleinen Local-Bahn, oder von Territet, von wo aus ein Funiculaire den Verkehr vermittelt; jedes Mal nach der Station Glion, von wo man dann kaum zwanzig Minuten nach Val-Mont zu Fuß geht. Der Gründer und Chef-Arzt von V.-M. ist ein sehr alter Herr –, mein eigentlicher Arzt Dr. Haemmerli *senior* (: die letztere Bezeichnung rathsam, da seit kurzem auch sein jüngerer Bruder an der Anstalt mitwirkt.) In *ihm* würdest Du einen aufmerksamen und nachdenklichen Arzt finden, mit dem sich, wie mit einem Freunde, über alles sprechen läßt. Und beruf Dich, bitte, auf mich, um gleich genauer eingeführt zu sein. Einen Übelstand hat Val-Mont: es ist theuer. Unter 40-45 Schweizerfranken (täglich) giebt es kein Abkommen, allerdings ist dann die ärztliche Behandlung und einige Kurmittel im Preise rühmlich einbeschlossen. Immerhin, ich bin dort recht arm geworden.

Aber daß Du daran denkst, einen solchen Aufenthalt zu brauchen, betrübt mich. Fühlst Du Dich, trotz der magischen Massage, weniger gut, als da ich Dich zuletzt sah?

Sei mir sehr in Dein Herz wiedergegrüßt
Rainer.

55. AN RAINER MARIA RILKE NACH PARIS

[Hôtel International, Châtel-Guyon (Puy-de-Dôme)]
Am 10. Juli. [1925]

Rainer,
ich sende Dir das Süßeste was die Auvergne hervorbringt: Honig. Da er hier jedem empfindlichen Magen vom Arzt verordnet wird, dachte ich auch an Deinen, da ich ja an Dein Herz nicht denken darf. Er wurde eigens für Dich von den am besten dressierten Bienen gemacht, die sich nur von weißen Akazienblüthen zu nähren hatten. Darum ist er so blond.

Ich hab Dich immerlieb (in einem Wort)
Liliane.

56. AN CLAIRE GOLL IN PARIS

Hotel Restaurant Foyot, Paris [Briefaufdruck]
ce même Jeudi, 4 $^{h\,10}$ [6.8.1925, Pneumatique]

Schade,
    Liliane,
         und hast Dir nicht die Augen verbinden lassen, um mich im Luxembourg finden zu gehen?

Wenn mir nichts unerwartetes von aussen oder von der Gesundheit her zuwider kommt, so würd ich Dich bitten, mich Samstag bei Dir zu erwarten. Samstag nachmittag. Könnte das passen? Ich freu mich aufs Wiedersehen

                                      Rainer.

57. AN RAINER MARIA RILKE IN PARIS

[Paris XVI, 27, rue Jasmin]
Freitag. [7.8.1925, Pneumatique]

Ach ich habe Dich im Luxembourg gesucht, Rainer, aber schon lange gehöre ich nicht mehr zu den Finderinnen.

Auch ich freu mich auf Morgen. Nein, freuen ist nicht das richtige Wort. Komm nicht zu spät, zwischen 4 und 5, da ich schon heute anfange zu warten.

                        Deine Liliane.

58. AN RAINER MARIA RILKE NACH SIERRE / VALAIS

»Le Chatigny«, Luxeuil-les-Bains (Haute Saône)
[Briefaufdruck] Am 2. September [19]25.

Rainer, bitte sei gütig und sag mir nur in ein paar Worten wie es Dir geht.

Ob Dir der Wind des Valais entgegengefahren ist? Ob Dich Dein Turm wiedererkannt hat? Ob die Rosen mit dem Blühen auf Dich gewartet haben? Es muß doch jeder Blume in Sierre daran liegen, daß Du wieder gesund wirst.

Ach wenn Du wüßtest wie sehr, wie innig es mir am Herzen liegt! Und wie traurig ich darüber bin, daß wir uns gerade in einem Augenblick wiedersahen, da der Körper seine Müdigkeit auch auf das Gefühl übertrug. Seelisch abgemagert.

Freilich, Deine Augen hatten zugenommen. Oft erscheinen mir diese Augen ohne Grenzen. Dann werfe ich mir vor, daß ich viel zu wenig und nicht mit genügend Ehrfurcht Deine Hände geküßt habe. Aber so schwach wie Du warst, wolltest Du doch nur eine ganz kleine Dosis meiner Verehrung zu Dir nehmen! Und so ist es denn nicht meine Schuld, daß ich Dir nicht sagen konnte, daß Du mir vorkamst wie ein Engel in Gamaschen und so sprach ich auch nur deshalb von Kuren und Diät mit Dir, weil ich dachte, daß die Himmlischen gerne einmal etwas Anderes tun als Fachsimpeln und immer von überirdischen Dingen reden wollen.

Ich liege in einem herrlichen alten Park, der zu einem entzückenden Sanatorium gehört und alle 2 Stunden füttert man mich und ich wollte das Gleiche geschähe mit Dir. Aber die Oberengel sorgen sicher für Deine Übererernährung. Was wird daraus werden, wenn Du so zunimmst, an was arbeitest Du?

Ich bete für Deine Gesundheit
      Liliane.

Luxeuil-les-Bains (H^{te} Saône)
Villa Chatigny.

Rose, pure contradiction, volupté
De n'être le sommeil de personne
Sous tout de paupières.

                Epitaphe sur la tombe de
                Rainer Maria Rilke
                à Rarogne en Suisse.

[Rose o reiner Widerspruch, Lust / Niemandes Schlaf zu sein unter soviel / Lidern.
Inschrift auf Rainer Maria Rilkes Grab in Raron in der Schweiz.
Übersetzung von Claire Goll, handschriftlich notiert als letztes Blatt des Briefkonvoluts Rainer Maria Rilke – Claire Goll.]

1918

Aemmillerstraße 34 IV/2
(Tel: 33313)

Montag,

Kein Zweifel, daß ich solcher Hindernis
Ihnen Commen nicht bereiten werde: selbstverständlich gehorche ich der schwarzen Madonna
und Ihnen, Liliane Studer; es steht bei
Ihnen, mir morgen die Ballen in Ihrem
Buch zu bezeichnen, die ich später werde aufschlagen dürfen.

Die kleine Madonna, in ihrer wunderbaren Durchdringung von Schlichtheit und Glanz,
sieht ganz so aus, als könnte sie viel für einen

71-517/2

Rilkes Brief an Claire Studer vom 18.11.1918.

thun; zunächst hat sie mir, in Ihnen, Freude
und Rahmen des gestrigen Abends bereitet.

Schön, wenn einmal so ein Herz über
einem aufgeht, gar nicht rast in seinem rasten
Minutel, glaub mir der ganze Mond in seiner vollkommensten Nacht –, nein, mehr: den völlig
offnen unabgewandten Raum.

Auf morgen abend.

Rainer Maria Rilke

Claire Goll in Paris, 1924.

Rainer Maria Rilke in München, 1918.

Expressbrief von Claire Studer an Rilke vom 2.6.1923.

Claire Studer, Casa Abbondio, Ascona, 1918.

Claire Goll in Italien, 1924.

Yvan Goll in Italien, 1924.

Der kleine russische Altar, ein Geschenk Rilkes an Liliane,
November 1918.

Claire Goll

Rilke und die Frauen

Ich sehe immer noch das kleine Buch in den kaum erwachten Händen einer Schulkameradin. Ich sehe noch ihr verklärtes Gesicht als sie zum erstenmal Verse rezitierte, die unsren jungen Mädchenseelen nach Maß gemacht zu sein schienen. Wir waren fünf oder sechs, die sich gegenseitig ein Buch aus den Händen rissen, das den Titel trug: »Das Marienleben von Rainer Maria Rilke«. Wir waren gerade in dem Alter, in dem die ersten Liebesgefühle ein Idol suchen, dem sie opfern können. Wir traten, wenn wir von der Schule kamen, in alle offenen Kirchen ein, um uns verliebt Jesus Christus zu Füßen zu werfen. Und siehe da, der Zufall enthüllte uns einen Vertrauten, der unser Bedürfnis des Fußfalls verstand, diese wollüstige Beugung des Knies und somit zum Vermittler wurde zwischen Himmel und Erde, unsre ersten Tränen als Zins erntend.

Wie grundverschieden war doch Rilke von den Dichtern, die die Schule uns zu hassen gelehrt hatte, indem sie bei jedem Literaturkapitel einen Poetenmord verübte.

Von nun an schlugen unsre Herzen so übermäßig im Rhythmus der Rilkeschen Verse, daß wir über ihnen Schule und Essen vergaßen. Die Gedichte stillten unsren Hunger. Sie halfen uns zu wachsen, entwickelten unsre blutarmen Seelen und renkten unsre Wirbelsäulen wieder ein, die sich beim Beugen über klassische Literatur verkrümmt hatten. Unsre kindlichen Gebete wurden durch diese lyrischen ersetzt. Ist nicht jedes Gebet eine Dichtung der demütigen Einfalt? Und eine oder die andere unter uns versuchte sogar den Meister zu plagiieren.

Wir fühlten uns verstanden von ihm, der die Angst unserer sechzehn Jahre sang, der wußte, daß »die Zeit gekommen war, da alles den Häusern entstürzt, die nichts mehr behalten können, nicht einmal ihre jungen Mädchen. Diese haben schon angefangen sich umzusehen, zu suchen. Sie, deren Kraft es immer war gefunden zu werden«.

Rilke erriet uns ebenso gut wie Francis Jammes, von dem er gesagt hatte: »Das ist der Dichter, der ich hätte sein wollen, er, der so gut wie keiner die Herzen der jungen Mädchen kannte.«

Rilke ist nicht nur der Dichter der jungen Mädchen geworden, sondern der Dichter aller Frauen, die seit Jahrhunderten gewartet hatten, daß einer käme, ihre Seelen zu deuten.

O Rilke, unvergleichlicher Erfinder von bisher unentdeckten Nuancen der Liebe, Anwalt aller großen Unverstandenen!

Ein Leben lang umgab er sich mit Frauen, aber vielleicht lebte er mehr mit den Toten als mit den Lebenden. Er war der posthume Freund der Bettina von Arnim, der wir die schönsten Liebesbriefe in deutscher Sprache verdanken, in denen sie dem greisen Goethe noch einmal alle Kraft und Leidenschaft der Jugend anbietet, die er jedoch, vertrocknenden Herzens, zurückweist. Rilke wirft dem alternden Olympier vor, es nicht verstanden zu haben, soviel Herrlichkeit anzunehmen, »nicht eingestiegen zu sein in den Triumphwagen seiner feurigen Himmelfahrt«.

Rilke litt mit der Portugiesin Marianna Alcoforado, deren Schmerz Vollkommenheit erreichte, mit Héloise und mit Mechtild von Magdeburg. Er übersetzte in durchsichtige Verse die brennenden Sonette der schönen Louïse Labé und die großen Liebesstrophen der Elizabeth Barrett-Browning. Er schloß sich ein mit der heiligen Therese von Avila, die einen neuen Zweig des Karmeliterordens gründete, um in ihrem Kloster ihre Liebe und die Liebe aller heiligen zukünftigen Theresen einzumauern wie in einem dauernden Grabmal.

Sappho, die nie Gestillte, wurde niemals besser verstanden als in diesen Worten: »Sie wußte, daß mit der Vereinigung nichts gemeint sein kann als ein Zuwachs an Einsamkeit ... wenn sie im Dunkel der Umarmungen nicht nach Stillung grub, sondern nach Sehnsucht.«

Alle großen Liebenden der Welt sind im Gefolge dieses Orpheus. Das Problem des Gleichgewichts der Liebe zwischen dem Geliebten und der Liebenden löst in seinem Werk das des Todes ab. Wie oft hat er nicht die Unsicherheit dessen aufgezeichnet, der die Liebe annimmt und die Größe des Liebe Gebenden. (»Geliebtsein heißt aufbrennen. Lieben heißt: Leuchten mit unerschöpflichem Öle. Geliebtwerden ist vergehen, Lieben ist dauern.«)

Dieses Thema findet sich im Malte Laurids Brigge, in seinen Briefen und besonders in den Duineser Elegien.

»... Singe die Liebenden, lange
noch nicht unsterblich genug ist ihr berühmtes Gefühl.
Jene, du neidest sie fast, Verlassenen, die du
So viel liebender fandst als die Geliebten.«

Er enthüllt uns hier sein tiefstes Geheimnis: unfähig zu verlassen, hoffte er immer verlassen zu werden. Sagt er nicht selbst zu einem Hund, in den »Sonetten an Orpheus«:

»Pflanze mich nicht in dein Herz. Ich wüchse zu schnell.«

Er wollte nicht sicher sein: weder einer Liebe noch Gottes. Erschien ihm doch jede Sicherheit eine Verarmung.

Wenn er in den »Elegien« den Engel anfleht, sein Gebet nicht zu erhören, ist er mehr als aufrichtig. Er ist dieser unwirkliche Bettler, der fürchtet, daß man in seine weiß behandschuhte Hand ein Almosen legen könnte.

Die Annahme ist der Anfang einer Materialisierung. Er wußte nur zu gut, daß für sich etwas erbitten, andre benachteiligen heißt. Und das erschien ihm ein Mangel an Liebe. Er wollte die Grenzen abschaffen, er, der Geliebte der Unendlichkeit.

Wie sehr glich er doch hierin den Heiligen, denen die Religion nur ein Vorwand ist, um dem Ruf der Liebe zu entgehen. Wie der Heilige, ist der Dichter ein großer Liebender. Auf eine Frau verzichten bedeutet sich unzählige Lieben garantieren. Wie der Heilige, der auf die Wahl verzichtet, gewinnt er alle jene gewaltig Lodernden, die ein ideales Objekt suchen, auf das sie ihre Glut fixieren können.

So wird denn Rilke zum ewigen Flüchtling vor der Liebe, die ihn wie kaum einen andern Unsterblichen verfolgt hat und die er – immer nach ihr rufend – suchen wird, indem er sie gleichzeitig zurückweist.

Er wählte zwischen seiner Mission und der Liebe. Der heilige Franziskus von Assisi hatte sich mit Frau Armut vermählt. Rilke vermählte sich mit Frau Dichtung. Wer seinen Glauben, seine Deutung der Liebe mitteilen will, bedarf der Vielheit. Man kann nicht vor einem leeren Saal spielen. Und so wie man von überallher in Assisi nicht nur den Poverello sucht, sondern auch die Spuren der Liebe der heiligen Klara, da sich manche Frau sehr oft unbewußt an ihre Stelle setzt, so auch spürte der weibliche Instinkt das Höchstmaß der Liebe im Werk des Dichters und mit schönem Unverständnis bestürmten ihn die entfesselten Seelen. Um ein weniges glaubten sie sich alle von ihm betrogen, und hierin mag wohl das Geheimnis einer Rivalität liegen, die glücklicherweise in ein höheres geistiges Gebiet übertragen wurde.

Wie viele Frauen, die nicht wissen, zu welchem Gott sie beten sollen, wählen Rilke als Beichtvater.

Kollektionen von Briefen – übrigens alle methodisch geordnet und mit schönen Seidenbändern zusammengehalten – füllten seine Schubladen. So erlaubte er es doch, daß in seine Einsamkeit eingebrochen, daß sie bedroht wurde von den nach einem Dichter schreienden Herzen.

Und selbst wenn er zurückweist, lockt er. Er, der in jeder Frau das Jenseits sucht, weiß nur zu gut, daß diese, im Jenseits seiner Gedichte, die rührende menschliche Erscheinung lockt.

Was ist aus diesen unzähligen Frauenbriefen geworden? Verloren, verstreut wie die Briefe der Duse, die der Dichter

1914 in der Rue Campagne Première zusammen mit den Briefen Rodins in einer der Beschlagnahme bestimmten Kiste zurücklassen mußte, als er nach zwölfjährigem Aufenthalt in Paris gezwungen war, seine Wahlheimat zu fliehen.

Nun, es kam glücklicherweise noch genug von dieser ungeheuren Korrespondenz auf uns, um uns zu gestatten, Rilke durch die Empfängerinnen hindurch zu gestalten.

Angefangen mit den naiven Beteuerungen an Fräulein Ella G. in Misdroy, der der Zwanzigjährige im Jahre 1895 noch mit René Maria Caesar Rilke gezeichnete Ergüsse schickte: »Die einzige Gnade, die ich erflehe, ist die, daß meine Werke ein zartes Echo in den Herzen hübscher Frauen finden möchten«, bis zu den Briefen höchster Bedeutung, die er an Frauen großen Geistes und seltener Einfühlung in sein Werk schrieb, wie die Prinzessin von Thurn und Taxis oder an Lou Andreas-Salomé, die geniale Inspiratorin. Lou Andreas-Salomé, von der Nietzsche vergeblich geträumt hatte, sie zu seiner Frau zu machen. Er hatte sie mit den Worten gekennzeichnet: »durchdringend wie ein Adler und mutig wie ein Löwe«.

Vielleicht hat sie, nachdem sie Nietzsche zu einer übermenschlichen Einsamkeit verdammte, auch Rilke die Sehnsucht nach der Wüste gelehrt, die allein es den Sterblichen ermöglicht, den Dämonen Meisterwerke zu entreißen? Während fünfundzwanzig Jahren bewährte sich ihre Wahlverwandtschaft, von denen ihr Briefwechsel Zeugnis ablegt, in dem ein einziger Satz wie dieser die Tiefe ihrer Bindung kündet: »Durch Dich hindurch fühle ich mich allem Menschlichen verbunden.« So legt Rilke denn auch »in die Hände von Lou« einen seiner wichtigsten Gedichtbände.

Bis zu seinem letzten Atemzug wird Rilke mit den Engeln und den Frauen kämpfen. Niemals wird er sich mit seinen zahlreichen Siegen begnügen. Mit den Romantikern teilt er den Durst nach metaphysischem Abenteuer, nach Unruhe, nach Ungestilltheit und Leid, den Kult der Wollust und des Todes.

Er, der die äußerste Freiheit des Dichters verlangt, duldet nicht, daß eine Frau sein Schicksal wird. Er zieht die Frauen an und lehnt sie zugleich ab. Die beschwörendste Einladung enthält schon die Abwehr, denn es war in ihm ebenso viel vom Mönch wie vom Verführer. Und viele seiner intimen Gesten und seiner Liebesbriefe scheinen mir sowohl von der Leidenschaft als von der Sorge nach Unsterblichkeit diktiert, mit einem Blick über die Schulter auf die Nachwelt.

*

Zum erstenmal begegnete ich Rilke im Winter des Jahres 1918 in dem von der Revolution durchtobten München, wohin ich aus der Schweiz gekommen war. Doch nicht das Knattern der Maschinengewehre in den Straßen war es, was mein Herz so schlagen ließ, als ich, einer Einladung des Dichters folgend, mich nach Schwabing, dem Montparnasse der bayrischen Hauptstadt, begab. Mein erster Gedichtband war eben erschienen, und Rilke hatte mich zu sich gebeten; er schrieb mir:

> »Ich bin, seit lange, ein Freund Ihrer Gedichte; aber es lag an den Umständen der Zeit, daß mein wirklich gefühlter Dank nicht zur Aussprache kam. Dies nun persönlich nachholen zu dürfen, ist eine unverdiente Vergünstigung für mich.«

Rilke bewohnte ein großes Atelier, dessen riesiges Fenster auf den Glockenturm einer Kirche hinausging: auch hier war der Dichter ein Nachbar Gottes.

Im Erdgeschoß des gleichen Hauses wohnte Paul Klee, und ich hielt bei ihm eine erste Rast, um für den Aufstieg ins vierte Stockwerk ein wenig Mut zu sammeln. Die Gattin des Malers setzte mir eine Schüssel Sauerkraut vor, in der die Speckwürfelchen mit demselben Kunstsinn verteilt waren, wie die Farbflecke in einem Bild von Klee.

Als ich das Zimmer betrat, stand Rilke schreibend an einem hohen Pult, das viel eher für einen Archivar bestimmt schien, als für einen Dichter, dessen Arbeit man sich nicht eigentlich als die eines stehend Schreibenden vorstellt. Kein einziges Bild hing an der Wand. Wenige Möbel und Truhen waren da, wie in der Zelle eines Einsiedlers. Aber aus einer Biedermeiervitrine äugten mich Tiere aus böhmischen Glas an, und in ihrem Blick wob die Legende.

Rilke war ganz schmal, fast körperlos. Von fern hätte man ihn für einen Kadetten in Zivil halten mögen, aber je näher er kam, desto größer wurde seine Stirn, und in zwei von unirdischem Glanz erfüllten Augen zuckte der Strahl der Genialität.

Mir wurde es bange vor diesem Erzengel im Jackett. Aber das leise Lächeln seiner vollen und sinnlichen Lippen milderte meine große Erschütterung.

Er wußte sogleich in einem unnachahmlichen Schweigen all das auszusprechen, was andere mit Worten beschwert hätten. Ich glaubte eine Vision von Rilke vor mir zu haben, nicht aber Rilke in Fleisch und Blut. Erst als ich wieder fort war, bemerkte ich, daß ich nicht geträumt hatte, denn meine Hände hielten zwei Geschenke. In der Linken hatte ich einen aus Rußland stammenden kleinen Altar, den man falten konnte, in der Rechten ein Gedicht.

Nie hätte er jemand fortgehen lassen, ohne ihn beschenkt zu haben.

Sooft wir einander trafen, las er mir eben entstandene Gedichte vor, die er in seinem Taschenbüchlein notiert hatte, das er nur für seine besten Freunde hervorzog. Er schien gottestrunken, seine schönen Hände lösten sich von ihm, und seine Stimme besaß alle Register einer Orgel. Als er mir eines Tages seine Übersetzung eines Fragmentes der »Jeune Parque« vorlas, rief er verzückt: »Fühlst du die seltsame Verwandtschaft? Valéry ist zu mir gekommen wie mein zweites Ich.«

Ein anderes Mal las er mir die eben entstandene Übertragung jenes Gedichtes der Comtesse de Noailles: »Du lebst, den Himmel deiner Züge schlürfend ...«, die er in mehreren

Fassungen gemacht hatte. Er berauschte sich so sehr an der einzigartigen Schönheit seiner Nachdichtung, daß er bis drei Uhr morgens bald die eine, bald die andere dieser Fassungen rezitierte, bevor er seine endgültige Wahl traf.

Immer zog er die Frauen jedem anderen Publikum vor, denn sie erschienen ihm als die vollkommensten Formen, in die er seine Verse gießen konnte. Die Frauen machten sich die Ehre streitig, ihm zu lauschen, und sie wußten ihm Dank, daß er in ihnen das unnennbare Geheimnis freimachte, das sie verwahrten. Möglicherweise fühlten sie sich hauptsächlich durch all das verstanden, was er verschwieg, ahnend, daß er sie erriet und nur schonte.

Fast überall hatte er Freundinnen, und täglich häufte sich auf seinem Tisch »eine kleine Schweiz« von Briefen, wie er das nannte. Er erzählte gern der einen von der andern, tat dies aber mit so viel Takt, daß auf diese Weise eine jede Frau durch ihn neugeschaffen wurde. Blendender noch beim Sprechen als beim Schreiben, verwandelte er sie in geflügelte Göttinnen, mythische Wesen, dergestalt, daß unsere gemeinsamen Freundinnen stets wie aus einem magischen Spiegel emportauchten.

Selbst als er mir von einer Reise in den Orient erzählte, pries er sie auf seine gewohnte Weise: »Dort unten brennen die Frauen wie Lampen vor ihren Häusern, und diese werden durchsichtig von ihrem Schein.«

Unser erster gemeinsamer Gang durch die Stadt galt dem Isenheimer Altar, der sich zu jener Zeit in München befand. Vor dem Triptychon sagte Rilke zu mir: »Gib mir die Hand, dann ist es leichter zu ertragen.«

Länger als eine halbe Stunde blieben wir reglos vor Grünewalds Meisterwerk, so wollte es die Regel, die er sich als Dichter vor dem geringsten wie dem erhabensten Gegenstand auferlegt hatte. Rodin hatte sie ihn gelehrt, und nun erfuhr auch ich sie: »Betrachte und verweile.«

Die Majestät des Werkes befahl Schweigen. Ein einziges Mal nur stammelte Rilke, die Augen voller Tränen: »Auch mir hat Gott eine Botschaft auferlegt.« Seine Züge zuckten in Schmerz. Ich ertrug es kaum.

Was war es, woran er so litt? Jene Unfruchtbarkeit, herrührend zum Teil von Verständnislosigkeit, die der Krieg für ihn mit sich gebracht hatte und die ihn zum Fremden in seinem eigenen Lande machte?

Ahnte er, daß Deutschland ihn für lange Zeit daran hindern würde, seine Berufung zu erfüllen, indem es ihn als Fremden behandelte? Gehetzt, seiner Wohnung verlustig, zuletzt sogar ohne Paß, war Deutschlands größter Dichter drei Jahre lang ein Vertriebener, der von Stadt zu Stadt, von Bitterkeit zu Bitterkeit irrte.

Erst 1921 begann für ihn eine neue Blütezeit, in der Schweiz. Um jene Zeit übertrug er zum erstenmal seine Gefühle ins Französische. 1922 sandte er mir aus dem Wallis, wo der irrende Dichter einen Schloßturm als Unterkunft gefunden hatte, die Erstlinge seiner »Vergers«. Er hatte sie mit eigener Hand auf Pergament geschrieben und selbst gebunden, denn er war nicht nur ein König, sondern auch ein Handwerker der Poesie. Diese kleinen Gedichte waren ihm wie eine Erholung während jenes inspirierten Jahres, in dem die Duineser Elegien entstanden. Zu diesen schrieb er mir:

> »Nie hab ich so ungeheure Stürme des Ergriffenwerdens durchgemacht, ich war ein Element, Liliane, und konnte Alles was eben Elemente können. Und obgleich diese Hoch-Zeit, menschlich gesehen, kurz war (länger hätte sie mein Körper kaum ausgehalten), so war eben doch alles vorher und nachher von ihr bestimmt und befehligt …«

Also hatte er, wenige Jahre nur vor seinem tragischen Ende, aus dem Raum zwischen zwei Worten eine neue Sprache geformt, die Metapher des Unsichtbaren, überschattet von seinem eigenen Tode, den er wohl vorausgeahnt hatte, einem Tode, so fruchtbar wie der des Orpheus.

Inzwischen hatte ihm sein schon sagenhafter Ruhm die Rückkehr nach Paris vorbereitet, die so heiß ersehnte und doch so gefürchtete, die er nie überstürzen wollte.

Aber sein Stern führte ihn doch dahin. Es war ein Triumph, der alle Erwartungen übertraf.

Rilke stieg im Hotel Foyot, seiner Lieblingsherberge, ab.

Bei unserer ersten Verabredung verfehlte ich ihn. Am selben Abend aber erhielt ich einen Rohrpostbrief: »Und hast Dir nicht die Augen verbinden lassen, um mich im Luxembourg finden zu gehen?«

Am nächsten Tag machten wir Inventur in seinem geliebten Luxembourg. Dann führte er mich mit tiefster Ergriffenheit in die Rue Cassette, wo er in einem kleinen Zimmer, das auf einen Klostergarten hinausging, vor dem Kriege so viele unvergängliche Werke geschrieben hatte.

Wenn er zu mir kam, waren seine Notizbücher und seine Taschen voll von Rosenblättern und Gedichten zum Ruhm dieser Blumen. Von seinen Lippen kamen die Rhythmen unsterblicher Düfte. Mein Zimmer war in einen Rosengarten verwandelt.

Wer hätte damals gedacht, daß diese Rosen, die Quellen seines Lebens, die auch seinen Garten in Muzot überflutet hatten, ihm bald ihren Tribut abverlangen würden? Zürnten sie ihm, daß er ihr Geheimnis allzusehr entschleiert hatte? Durch einen Stich in den Finger zielten sie auf sein Herz, das zuviel über sie wußte. Ein Rosendorn tötete ihn, der hilflos war wie alle, die jene geheimnisvolle Krankheit des Blutes, die Leukämie, befällt.

Aber hatte der Dichter nicht schon lange vor seinem Tod sein Schicksal vorausgefühlt, als er diese Verse schrieb, die auf seinem Grab stehen sollten –:

> »Rose, o reiner Widerspruch, Lust
> niemandes Schlaf zu sein
> unter so viel Lidern.«

Gefühle.

Verse von Claire Studer

WACHE NACHT.

Immer feindlicher wird mir die Nacht!
Nicht mehr werd ich leicht im Anblick der Sterne
Mir schwindelt vor Unendlichkeit
Und dem grausamen Sturz der Jahre.
Schon schleicht mich Dämmerung an
Wolken beweinen die Morgenwelt
Und mir keine Pause, kein Schlaf,
Nur der Regenbogen der Sehnsucht
Reicht weit hinaus über Gott.

Ach, Mensch zu sein und wissend
Und so zu schmerzen ein Dasein lang!
Warum bin ich nicht schmerzloser Stein,
Einmaliger Aufschrei sanften Getiers,
Süsse Beweinung des Sees?
Warum nicht gestillter Baum,
Demut des Wurms, beruhigte Blume?
Sie leiden nur einmal sich selbst,
Doch wir leiden Alle.

DIE VERLASSENEN.

Immer war unser Herz nach Osten gerichtet
Nach seinem Aufgang.
Frühwolken gleich loderten wir,
Wenn uns der Wind seinen Schritt zutrug.
Und Abends auf den erkalteten Wegen
Sammelten wir die verwehten Worte
Und beweinten seine welkende Spur.

Einmal war jede von uns ein Wald
Der Welt ein unbegreifliches Dickicht,
Von Vögeln süss bewohnt,
Umarmt von der Lianen Zärtlichkeit
Und schwindend an seinem und aller Dasein,
Wenn unsere Zehen sich der Erde gaben.

Und jetzt – wir Reisenden von Licht zu Licht,
Das noch von seinem Lächeln hell entzündet
Uns nun auf dunkler Rückfahrt nicht erkennt –
Jetzt nirgends Unterkunft unserm Gefühl!
Wo steigen wir aus, Gestorbene, wir?
Weit fort aus der von ihm getöteten Zeit!
Schon ist unser Herz nach Westen gerichtet,
Nach Untergang.

DIE MUTTER.

Sohn, wo ist dein blonder Arm,
Süsser Zweig, um hinzulehnen
Meine kalten Abendtränen?
Sohn, mein schattiges Gesicht
Friert nach deinem jungen Licht!

Wann hab ich ausgeschmerzt, o sag?
Wozu mir noch betörter Tag,
Was soll ich mit soviel Abend tun,
Da du nicht kommst in ihm zu ruhn?
Wo trag ich meine morschen Hände hin,
Die ohne Auftrag jetzt und Sinn?

Sieh mich schwinden von allen Bänken der Welt,
Verbrauchtes Leben, das nichts mehr hält
Und brennen mit allen Lampen der Nacht,
Kind, deinem warmen Schritt entgegen –
Und weiss ihn doch auf andern Wegen
Und erst hertönend, wenn ich ausgewacht.

DAS KIND.

Ach wie du dem Schlaf entgegengehst,
Verweht an den Tag und das All,
Du kleine Ode des Abends,
Und soviel Tanz noch verhalten
In den schwebenden Zehn.

Und wie du Gott entgegentreibst
Im gläsernen Schiff deines Traums
Von Sternwind umspült
Und der zärtlichen Messe der Engel:
Du Spiel aller Heiligen!

Und wie du wider scheinst mit der Sonne
Zwitschernder Morgenvogel
Und nicht ahnst, dass dein Herz
Langsam der Welt entgegenreift
Und schmerzendem Schicksal!

DER ERWACHSENE.

O Kindheit, da in meinem Angesicht
Zwei zitternde Sterne hingen,
Süss vom Wunder der Welt.
Hymnen schliefen im wachsenden Mund.
Geschwister war man mit allen Engeln
Und hörte Gott im weissen Gesang
Östlich sich sehnender Lilien.
Im Hollunder wuchsen blaue Märchen
Und reiften an den grossen Dämmerungen
Und die heiteren, roten Mittage
Rauschten mit dem Wind vorbei.

_____

Und nun höre ich Gott nicht mehr
Und höre ich in mich hinein
Ist alles Stein
Und mein Mund ist jubelleer.
Alle Frühlinge sind alt,
Und – in der einst soviel Güte wohnte –
Landschaft wendet sich bös und kalt,
Die Tiere auch, die mir so innig waren,
O wie verging ich mich an meinen Jahren!

MEINE GESCHWISTER.

Mich schmerzen die Kummermäulchen der Fische,
Die Nachtfalter im fröstelnden Schlafrock
Und die traurigen Märchen in Krötenaugen.
Ich erleide die alten gesteinigten Hunde,
Heimatlose, vom Regen lebende Wanderer;
Und die angelischen Dulder,
Die schon entirdischten Pferde.
Mich schmerzen die todgeweihten kindlichen Tiere,
Die rührenden vergitterten Vögel,
Die männlichen Sonnenblumen,
Die gefesselt den fahrenden Zügen nachsehn
Und die runzligen Pflanzen der Dachstuben.
O ihr tausendfach stummen Gefangenen
Klagt ihr nicht leise hinaus ins All
Und wein ich euch nicht alle zurück?

DIE IRREN.

Die ihr erdfern auf Inseln lebt
Bespült von übersinnlichen Geigen
Und schon von Seligen umkniet,
Verirrte in euch selbst und der Zeit.
In euren Augen liegen längst vergangne Länder
Verschlossen wie in seltenem Gestein.
Herrscher in amethystnem Kaiserreich
Und Helden der verlachten Trauerspiele.
Immer im Monolog mit der eigenen Qual
Und tausendköpfiger Versuchung!
Und doch, wer hat höhere Mauern um sich?
Wir oder ihr, die ihr vergasst
Abend, Oktober und Heimkehr?
O wer befreit
Uns Irre alle aus der Wirklichkeit?

DIE STRAHLENDE.

Jetzt weiss ich das Leid gefangener Blumen,
Die sich Tod zuduften im sterbenden Mittag,
Weiss die braune Flucht gottäugiger Rehe
Und priesterliche Knaben, die zu Bäumen wurden.

Bin ich nicht Wiese, im Überfall des Abends zitternd,
Quellen springen schon aus meinen staunenden Zehn
Hinein in den verwandten Abgrund der Wasser
Und bin doch zugleich die Verlassene aller Ufer.

Aus mir steigen die Zweistimmen aller Liebenden,
Die des Untergangs und des schwebenden Aufgangs.
Ich Verbrannte vom roten Ehrgeiz der Flamme;
Denn der göttlich Geliebte lodert aus jedem Strauch.

DIE UNTERGEHENDE STADT.

Erschrocken stehn die Häuser
Um die irrenden Abendschritte.
Flattern viel frierende Schultern heran,
So schmal von der ängstlichen Früh
Und dem dunkleren Abendleid.
Und Augen sind, ganz abgenutzt von Gier
Und trügerisch zulächelnde Füsse
Und geizige Hand so arm und ungeliebt.
Sie haben ihr Herz für Geld versetzt.
Keiner weiss mehr die weite singende Einsamkeit.
Tot sind die grossen Geliebten und Gärten,
Verdorben auf den Kulissen Europas
Und sein Wald von schlechter Romantik abgeholzt.
Löst euer Herz wieder aus und den Rest der Sehnsucht
Zur Überfahrt nach fremden unwirklichen Ländern!

MENSCHLICHER ABEND.

Einer spuckt den Mond an
Diese sentimentale Erfindung.
Einer wird tragisch gestorben.
Einer erschlägt sich in einer Stechmücke.
Eine Hausfrau wird selig im Tod einer Motte.
Ein Schmetterling wird angelisch aufgespiesst.
Einer wirft Steine nach sich und der Katze.
Einer kratzt sich und schreibt:
Menschenliebe, Sternpathos,
(Als ob es Sterne und Brüder gäbe!)
Zwei lügen ineinander und verbrechen Kinder.
Zwei betrügen einander und Gott.
Zwei sagen die einzige Wahrheit: Abschied.

Herr, lass mich Eine dieser Beiden sein!

GROSSSTADTMORGEN.

Strahlender Passant, der von Süden kommt
Aus der Gegend des Lächelns
Und dunkel der Andre, aus nördlicher Kälte
Und heimatlosem Schluchzen!
Und ihr, unirdische Kinder,
Geduckt in eure Herzen,
Wo weht ihr frühen Gestalten hin? –
Schon steigen die Schuldigen der Nacht,
Unerkannt unter ihrer Verzweiflung,
Fahl mit dem Morgen herauf.
Und die Schläfer, Mitschuldige ihrer Schuld,
Müssig lehnend am Eingang des Tags,
Lesen von diesen Schicksalen und richten!

ENTZWEIUNG.

Warum schweigen wir uns so geizig an
Wir Gäste einer so kurzen Zeit?
Nie illuminiert ein Herz
Unfestliche Gesichter, noch strömt um sie
Nur eines Lächelns flüchtige Essenz.
Was ziehen wir Götter um schlechten Besitz
Und unwillige Tore vor unsre Bosheit?
Wanderten wir einst – heiss nach Begegnung –
Den engen Eltern aus,
Hinein in die ungebändigten Jahre
Um herz- und abschiedslos
Spät mit verarmter Hand
Und dunklem Fuss im Jenseits anzukommen?

ERNEUERUNG.

Mensch der gottlosen Stadt,
Immer auf der Flucht vor den Engeln,
Wirf dich dem wissenden Abend ans Herz!
Sieh es schweigt der silberne Aufruhr der Vögel,
Einfältige Dörfer sinken leis in die Knie
Um die wachsenden Kirchen
Und die Wasser werden fromm und rein
Vor der strengen Prüfung der Sterne.
O wandre aus, aus dir und der Stadt
Zieh in das Tal der Armut ein
Aller Besitz ist unterirdischer Schein
Und Knechtschaft deiner selbst,
Gefühl von mir zu dir, das ist allein.

DIE BLINDEN.

Langsam, am dünnen Seil der Hoffnung
Tasten sie sich hin durch die Zeit.
Immer an kühlen Mauern vorbei
Hinter denen ewige Sonne wohnt
Und der Brunnen kristallene Schönheit.
Immer sinnen sie; was ist das: Bunt,
Und Tanz und Flug über schäumende Erde
Und Schmetterlinge, die wie farbige Blüthen
Aus jauchzenden Frühlingen fallen
In den verlornen Paradiesen der Welt.
Manchmal singt sie die Nachtigall näher zu Gott,
Singt: Mond und Sommer und Abendstern –
Da stirbt ihr Herz an Sehnsucht und Dunkelheit.

WAISEN.

Alle gehen sie im engen Kleid
Enge sterneleere Jahre durch das Leid.
Die Lebenden sind hart und die Toten weit
Und sie noch viel zu klein zur Einsamkeit.
Immer müssen sie nach den hellen Kindern sehn,
Die an zärtlichen Händen vorüberwehn.
Ihre Sehnsucht friert in der Stadt aus Stein
In den ernsten Kirchen zu Zwein und Zwein
Werfen sie sich heimlich und unbewusst
Den heiligen Müttern an die Brust
Und während von den Lippen Litaneien fliessen
Möchten sie gern Gottes Vollbart küssen.
Aber sie wagen sich nicht an seine Liebe hin,
Nur Nachts unter der lieblosen Decke
Stürmt ihr Schluchzen die Himmel und ihn.

ALTERNDE MÄDCHEN.

Wie goldner Mond geht euer letztes Lächeln
Der leisen Wallfahrt in den Abend auf,
Dass ihr nicht stürzt in die Zisternen
Der Einsamkeit, die noch den Weg durchfurchen,
Den langen Weg, der in die Kindheit mündet.

Suchend dreht ihr euch in den Gärten,
Die um die Klöster eurer Jugend stehn
Nach verlorenen Frühlingen um.
Da hört ihr die unaufhörlichen Brunnen
Noch von den Tränen der Enttäuschung schluchzen.

Wenn ihr im Schlaf verlöscht
Und die ewige Lampe rot
Aus der Zelle der Erwartung brennt
Schlägt Gott die dunkle Kutte eures Schicksals
Um euch, unirdische Pilgerinnen zu.

JUNGE MENSCHEN IM ABEND.

Vogelscheu drängen sie ineinander
Vor dem vergitterten Abend. Nur Lieder,
Ihrer Umarmung leiser Flügelschlag!
Leicht aus dem Gefieder
Schütteln sie den altgewordnen Tag.
Schon braust um spöttische Laternen wieder
Draussen geheimnisvolle Welt.
Durch abendweite Fenster fällt
Ihr Herz zu den Passanten nieder.
Noch lässt Begegnung keine Spur,
Kein Blick Erinnerung auf ihrem Mund zurück.
– Gefangene der Eltern – schlägt die Uhr
Im tiefen Turm der Kindheit, nachtallein
Röteste Zukunft, übermächtiges Sein.

DIE BUCKLIGE.

Verdorben von der Laune einer Nacht
Bin ich dem Zirkus dieser Welt erwacht.
An welche Melodie ich mich auch schluchzend hing
– Abfall von mir war jedes Ding.
Mit mir weint Niemand ein Duett von Tränen,
Ich Ausgesetzte vor des Sommers Sehnen!
Nie warf Verheissung mir ein Lächeln zu,
Nie brannte mich verschämtes: Du.
Trug ich mein Menschlichstes hinaus,
Dann löschten Stern und Augen aus.
Nicht wird mein treibend Herz auf Inseln spät
                                        gelandet,
Die Palmen tragen und Umarmungen.
Verfault, verwachsen und versandet
Von Wildnis, Regenzeit und Wüste
Wird es an böser Küste einst gelandet.

ARMES KIND.

Sie muss immer im dunklen Hof
Neben ihrer Kindheit stehn
Während die jungen Tage irgendwohin verwehn.
Die mageren Ärmchen fahren wie ein Schrei
An ihrem Schicksal vorbei –
Aus dem engen Kleid in die weite Welt.
Mütterlich ist ihre Hand
Um die kleinen Geschwister gespannt
Um die Arbeit und um das Gebet.
Sie weiss nicht wie man im Spiel untergeht.
Aus dem Nachbarhaus fällt viel buntes Schrein
Wie Zwitschern von Vögeln in sie hinein.
Der Fetzen Himmel, der darüber flieht
Streichelt sie leis wie ein blaues Lied
Und in der Nacht durch den Kinderbaum
Fällt oft ein Stern in ihren Traum.

DIE WELKENDEN.

Schon wird es den steigenden Jahren schwer
Und dem von Enttäuschung verheerten Mund
Ein nicht gealtertes Lächeln zu lächeln.
Schon umtrauert die zerbröckelte Stirn
Müde gewordnes elegisches Haar.
Und die tausendfach vergeblichen Wege
Liegen schwer in den welkenden Füssen.
Schon wird es mühsam schön zu sein.
Sieht Keiner die Furcht
In dem noch tanzenden Gang?
Fühlt Keiner das Zittern
Der nicht mehr sicheren Hände?
O unterirdische Angst vor den Entdeckungen
Der hoffnungslosen Früh, schluchzenden Abends,
Da der spöttische Spiegel herzlos
Zurückscheint all die verwartete Zeit!

DIE SCHLÄFERINNEN.

Manchmal neben den tiefen Schläfern zur Nacht
Werden wir wach an uns selbst.
O Nähe, die so einsam macht!
Wer ist es, der uns so im Schlaf verlässt?
Nie, nie ist ein Mensch dem Andern Nest.
Täuschung ist jede Nähe und jede Hand
Selbst der Atem ist neu und unbekannt.
Der Tag lügt mit der ärmlichen Worte Schar,
Doch die nächtliche Stille ist unverlierbar wahr.
Der Zweite ist Fremde ohne Ziel,
Nur in uns ist Ankunft, ist Asyl.

EHEBRECHERINNEN.

Wir weinen Alle aus demselben Gesicht
Wir suchten uns; denn wir sind ja nicht.
Wir waren so allein zu Zwein
Immer dasselbe musiklose Sein.
Des Alltags Angesicht war eng und blass
War Schlaf und Frühstück, war höflicher Hass.
Uns kannte das Bett, der Tisch, die Wand,
Doch wir sind allem fremd und unbekannt.
   – Da kam der überirdische Passant
Und ging in unsrer Sehnsucht aus und ein
Und trug uns fort aus allem Irdischsein.
   – Wer nennt da Schuld, was uns zerbricht,
Was wissen wir von uns, wir sind ja nicht.

DIE NEUE FRAU.

Wir wollen auferstehn aus den seichten Romanen.
Die Frau war schlecht gebunden. Nun ist sie frei.
Nur die sind unterdrückt, die Unterdrückung wollen.
Es gibt keine Magdalenen mehr,
Der Betrogene ist immer schuld am Betrug.
Es gibt keine lyrisch Verlassnen mehr,
Glaubt mir, ihr Schüchternen,
Heimlich klagend ironischem Mond
Und dem Herzsurrogat, dem schimmligen Hündchen,
Ihr immer Übersehenen der welken Jungfernkammern!
Glaubt mir: Keine Frau ist verlassen,
Es sei denn von Geist und sich selbst.

AUFRUF AN DIE FRAUEN.

Gelobt seien die unheiligen Jungfrauen!

Wir wollen nicht länger Madonnen scheinen!
Lasst uns unsagbar weltlich werden,
Irdischster Kampf komme über uns!
Alle seien uns Schicksal, nicht Einer!
Jahrtausende haben uns banal vertont:
Immer dieselbe Musik der Brüste,
Immer derselbe Rhythmus des Haars!
Einmal eine Oktave höher, einmal tiefer.

Wer aber, wer sang uns je selbst?

SCHWESTERN.

Ich möchte grossen Aufruhr unter euch tragen,
Alle meine Glocken sollen euch hinausläuten
Aus männlicher Gefangenschaft!
Hört Schwestern, Besiegte der gotischen Küsse
In den romantischen Rosenlauben,
Ihr könnt dort nie gefunden werden,
Man kann sich nur selber finden.
Ach Schwestern, gleich hinter der Küche
Liegt die riesige Welt
Und über dem Plättbrett
Fängt schon die Ewigkeit an!

PROGRAMM.

Ihr müsst weit werden, ohne Küsten!
Die Erde sei euch viel zu klein!
Tretet doch über die Ufer des Gestern,
Die grüngelockten, eichenumreimten,
Engen, vaterländischen Ufer!
Ausser dem Neckar und Rheinfall
Gibt es Golfstrom, Niagara und Nil,
Gibt es das zärtliche Mittelmeer
Und den granitnen Norden.
Ausser Mimi, dem Spitz
Gibt es Zebras, Flamingos und Gnus
Und den himmlischen Steinbock und Bär.
Schaut von der Kreuzstickerei
Erstmalig auf in den sternenbestickten Abend!

ENTWERTUNG.

Ach warum entspringt ihr allzuviel Schoss
Und nicht der Stirn und dem Geist wie Pallas?
Gebt ihr noch immer hin euer Herz
Dem diplomatischen Frack
Und einem Heldentenor
Eure unsterbliche Seele?
Und könnt nicht lassen von dem vielbesungnen
Sentimentalen Unverstandensein,
Da doch der Tag, der uns enträtselte
Das Ende aller hohlen Sphinxen wär?

Anhang

Zu dieser Edition

Rainer Maria Rilkes Briefe an Claire Goll-Studer datieren vom 17. November 1918 bis zum 6. August 1925. Claire Golls Briefe wurden zwischen dem 24. Juli 1919 und dem 2. September 1925 geschrieben. Zur Veröffentlichung des Briefwechsels gehört eine lange Vorgeschichte. Bis 1939 bewahrte Claire Goll die Briefe in Paris auf. Als sie und Yvan Goll Ende August 1939 – vier Tage vor Ausbruch des Krieges – Europa verließen, trug sie diese Korrespondenz bei sich. Von Mitte September 1939 bis Mai 1947 lebten die Golls im Exil in Havanna, Kuba, und in New York. 1944 konnte der amerikanische Rilke-Forscher Richard von Mises Claire Goll zu einer Publikation von Rilkes Briefen an sie gewinnen. Da die Rechte beim Insel Verlag, Leipzig, lagen, war das Einholen einer Publikationsgenehmigung nicht möglich. Professor Herbert Steiner, New York, besorgte die Drucklegung und erhielt, vermutlich nach amerikanischem Recht, das Copyright. In einer Auflage von 225 Exemplaren erschienen 21 von insgesamt 24 Briefen Rilkes und ein Telegramm im Verlag der Wells College Press, Aurora, New York (*Briefe an eine Freundin*. s. BrGoll 1). Von 1940 bis 1946 wurden mehrere von Rilkes Briefen nachgedruckt: 1. Brief vom 22.10.1923 (ins Englische übersetzt von May de Huyn) in: *Twice a Year. A Book of Literature, the Arts and Civil Liberties* (New York). (I), no. V-VI, Fall-Winter 1940 – Spring-Summer 1941, p. 375-387: Claire Goll, »Rainer Maria Rilke«. 2. Briefe vom 29.12.1918 und 5.VIII.1919 in: *Deutsche Blätter. Für ein europäisches Deutschland / Gegen ein deutsches Europa*. I. Jahrgang, Heft 1 (Januar 1943) – IV. Jahr, Heft 34 (November-Dezember 1946), II. Jahr, Heft 6 (1944), S. 28-29. Bereits 1940 war in Havanna – während des dortigen Aufenthaltes der Golls – der Bericht erschienen: »Un gran novelista francesa en la Habana« [Rilke und Claire Goll] (mit einem Faksimile des Gedichts »Die Geschwister« von Rilke, zwei Fotos von ihm und einem Foto von Claire Goll). In: *Diario de la Marina*, La Habana, 18 de Abril de 1940.

Nachdem die Golls im Juni 1947 nach Paris zurückgekehrt waren, übersetzte Claire Goll Rilkes Briefe ins Französische, um sie – basierend auf der amerikanischen Ausgabe von 1944 – in Frankreich veröffentlichen zu lassen. Im August 1948 erschienen in der Zeitschrift

La Nef. Revue Mensuelle (Paris, Editions Albin Michel), ihr erstmals 1927 in *Les Nouvelles Littéraires* publizierter Essay »Rilke et les femmes« sowie Rilkes Briefe vom 17.11.1918, 18.11.1918, 23.11. 1918, 25.11.1918, 29.12.1918, 5.5.1919, 7.5.1919, 11.4.1923, 22.10. 1923, 2.6. 1924 und 5.6.1924. In dem 1949 in der Serie Poètes d'aujourd'hui (Nr. 14, Editions Pierre Seghers, Paris) publizierten Rilke-Sammelband wurde sein Brief vom 22.10.1923 in der Übersetzung von Claire Goll abgedruckt.

1950 erschien im Insel Verlag in Wiesbaden eine erweiterte Neuausgabe der 1939 publizierten *Briefe in sechs Bänden*, in die Rilkes Briefe an Claire Goll vom 29.12.1918 (Brief 275, S. 566-567) und 11.4.1923 (Brief 382, S. 824-826) aufgenommen wurden. Claire Golls Essay von 1927 erschien im März 1951 unter dem Titel »Rilke e as Mulheres« in: *Anhembi*, Sao Paulo (II, Nr.4).

Während eines Deutschlandbesuches 1951 vereinbarte Claire Goll mit einem Vertreter des Insel Verlags eine deutsche Ausgabe von Rilkes Briefen an sie. Diese sollte im Limes Verlag, Wiesbaden, erscheinen. Sie berief sich dabei auf die amerikanische Ausgabe von 1944 und auf die Tatsache, daß das Copyright in ihrem Namen bei der Library of Congress in Washington, D.C., niedergelegt worden sei. Im Herbst 1952 wurden die *Briefe an Liliane* (s. BrGoll 2), erweitert um den von Claire Goll aus dem Französischen übersetzten Essay »Rilke und die Frauen«, vom Limes Verlag in einer Auflage von viertausend Stück gedruckt. Die Auslieferung mußte jedoch unterbleiben, weil der Insel Verlag selbst eine Veröffentlichung der Korrespondenz im Rahmen der Rilke-Editionen plante. Auch wurde der Standpunkt vertreten, »daß für die Rilke-Forschung die Briefe ja in der amerikanischen Veröffentlichung vorliegen«. (Brief von Ruth Frizsche-Rilke an Claire Goll vom 14.1.1953).

Nach Claire Golls Aussage erlaubte der Insel Verlag 1955 die Herausgabe der von ihr ins Französische übersetzten Briefe – zusammen mit ihrem Essay »Rilke et les femmes« – in den Editions Falaize, Paris. Das Buch erschien im Januar 1955 mit dem Vermerk: »Copyright by Editions Falaize, 7, rue des Fossés-Saint-Jacques, Paris (5), and Claire Goll«.

Aufgrund meiner 1969 im Auftrag der Deutschen Schillergesellschaft, Marbach am Neckar, begonnenen Katalogisierungsarbeiten im Yvan und Claire Goll-Archiv in Paris, 47, rue Vaneau, erhielt ich 1971 von Claire Goll die Erlaubnis, über die gesamte Korrespondenz zu berichten (Barbara Glauert-Hesse, »›Liliane‹: Rilke und Claire Studer«. Matinée im Südwestfunk Baden-Baden (12.12.1971. Als Manuskript veröffentlicht). 1976 folgte der Bericht: Barbara Glauert-Hesse, »›Liliane‹: Rainer Maria Rilke und Claire Studer in ihren Briefen. 1918-1925«. *Börsenblatt für den Deutschen Buchhandel*, 7 (23. Januar 1976): *Aus dem Antiquariat*, S. A1-A11.

Nach dem vergeblichen Versuch von 1952 hegte Claire Goll nicht mehr den Plan, Rilkes Briefe im deutschsprachigen Raum veröffentlichen zu lassen. Die rechtliche Unsicherheit belastete sie. 1976, ein Jahr vor ihrem Tod, ließ sie dennoch in ihren Memoiren *La Poursuite du Vent* noch einmal die Erinnerung an Rilke wiederaufleben, indem sie seinen Brief vom 29. Dezember 1918 [Brief 6] – zusammen mit seinem Gedicht »Ah, moi à mon Tour« [Brief 25] sowie ihre beiden Briefe von April 1925 [Brief 51] und 2. September 1925 [Brief 58] in ihrer französischen Übersetzung aufnahm (S. 306-307).

Die Textgestalt dieser Ausgabe folgt in Orthographie und Interpunktion den Originalen. Offensichtliche Verschreibungen wurden gekennzeichnet.

Die deutschen Interlinear-Übersetzungen von Frau Dr. Barbara Wiedemann, Ammerbuch, wollen sowohl lesbare Texte sein als auch textgenaue Verständnishilfen.

Für die Genehmigung zum Abdruck der Zitate aus Henriette Hardenbergs Briefen danke ich Herrn PD Dr. Hartmut Vollmer, Paderborn.

Für die Genehmigung zum Abdruck von Rilkes Brief an Henriette Hardenberg vom 22.3.1919, der Faksimiles auf den Seiten 74, 75 und 78 und den Abbildungen auf den Seiten 76, 77, 81 und 82 danke ich dem Deutschen Literaturarchiv, Marbach.

Für die Abdruckgenehmigung der Abbildungen auf den Seiten 79 und 80 danke ich der Fondation Yvan et Claire Goll, Saint-Dié-des-Vosges.

Mein Dank gilt Herrn Dr. Albert Ronsin, Präsident der Fondation Yvan et Claire Goll, Saint-Dié-des-Vosges, für seine Bereitschaft, die Werke von Yvan und Claire Goll an den Wallstein Verlag zu geben, und Herrn Thedel v. Wallmoden dafür, sie bereitwillig aufzunehmen. Auch Herrn Daniel Grandidier, Conservateur du Musée de la Ville de Saint-Dié, danke ich für seine Vermittlung. Für stets zuverlässige Hilfe aus dem Deutschen Literaturarchiv Marbach danke ich Herrn Dr. Jochen Meyer, Leiter der Handschriftenabteilung, und Frau Viktoria Fuchs. Frau Dr. Barbara Wiedemann, Ammerbuch, sei herzlich für ihre Übersetzungen wie für ihre Ratschläge gedankt. Für rasche Hilfe bei zusätzlicher Textbeschaffung danke ich Herrn Jean-Léon Desforges, Bibliothèque Nationale et Universitaire de Strasbourg (Departement Alsatiques et Patrimoine) sowie dem Redaktionsarchiv der Neuen Zürcher Zeitung, Zürich.

Bibliographie

Aus folgenden Werkausgaben Rainer Maria Rilkes wird in den nachfolgenden Anmerkungen zitiert:

SW I-VI = *Sämtliche Werke in sechs Bänden*. Herausgegeben vom Rilke-Archiv Weimar in Verbindung mit Ruth Sieber-Rilke. Besorgt durch Ernst Zinn. Wiesbaden / Frankfurt am Main 1955-1966.

GBr I-VI = *Gesammelte Briefe in sechs Bänden*. Herausgegeben von Ruth Sieber-Rilke und Carl Sieber. Leipzig 1939.

PoèmFranc = *Poèmes français*. Nach der Vorlage der von Ernst Zinn besorgten Ausgabe der *Sämtlichen Werke*, Frankfurt 1955-1966, Zweiter Band. Herausgegeben vom Rilke-Archiv in Verbindung mit Ruth Sieber-Rilke. Durchgesehen und ergänzt unter Mitarbeit von Walter Simon. Mit einem Nachwort von Karl Krolow. Frankfurt am Main 1988.

Briefe I/II = *Briefe Band I/II*. Herausgegeben vom Rilke-Archiv in Weimar. In Verbindung mit Ruth Sieber-Rilke, besorgt durch Karl Altheim. Wiesbaden 1950.

Br14/21 = *Briefe aus den Jahren 1914-1921*. Herausgegeben von Ruth Sieber-Rilke und Carl Sieber. Leipzig 1937.

BrfwRilke / Salomé = *Briefwechsel Rilke – Lou Andreas-Salomé* [1897-1926]. Herausgegeben von Ernst Pfeiffer. Neue erweiterte Ausgabe: Zürich und Wiesbaden / Frankfurt am Main 1975.

BrCassani = *Briefe an eine Reisegefährtin*. [Albertine Cassani-Böhmer]. An Hand unveröffentlichter Briefe des Dichters geschildert von Ulrich Keyn. Wien 1947.

BrfwRilke / Gide = *Briefwechsel Rilke – André Gide. 1909-1926*. Einleitung und Anmerkungen von Renée Lang. Übersetzung von W.A. Peters. Stuttgart 1957.

BrGoll 1 = *Briefe an eine Freundin* [Claire Goll-Studer]. Edited by Richard von Mises. Copyright by Herbert Steiner. Aurora, New York, 1944.

BrGoll 2 = *Briefe an Liliane* [Claire Goll-Studer]. [Herausgegeben von Claire Goll]. Wiesbaden 1952.

BrfwRilke / Benvenuta = *Briefwechsel mit Benvenuta* [Magda von Hattingberg]. Herausgegeben von Magda von Hattingberg. Vorwort und Anmerkungen von Kurt Leonhard. Esslingen 1954.

BrHeydt = *Briefe an Karl und Elisabeth von der Heydt* [1905-1922]. Herausgegeben von Ingeborg Schnack und Renate Scharffenberg. Frankfurt am Main 1986.

BrfwRilke / Junghanns = *Briefwechsel Rilke – Inga Junghanns* [1915-1926]. Herausgegeben von Wolfgang Herwig. Wiesbaden 1959.

BrVerleger = *Briefe an seinen Verleger 1906-1926* [Anton Kippenberg]. Neue erweiterte Ausgabe. 2 Bände. Wiesbaden 1949. [Neuausgabe: Rainer Maria Rilke/Anton Kippenberg, *Briefwechsel 1906-1926*. Herausgegeben von Ingeborg Schnack und Renate Scharffenberg. Mit Abbildungen. (2 Bände). 1995.]

BrfwRilke / Kippenberg = *Briefwechsel Rilke – Katharina Kippenberg* [1910-1926]. Herausgegeben von Bettina von Bomhard. Frankfurt am Main 1954.

BrKokoschka = »*Haßzellen, stark im größten Liebeskreise …*« *Verse für Oskar Kokoschka*. (Faksimile der Handschrift. Mit unveröffentlichten Briefen). Herausgeber: Joachim W. Storck. Marbach am Neckar 1988 (Marbacher Schriften).

BrNádherny = *Briefe an Sidonie Nádherny von Borutin* [1906-1926]. Herausgegeben von Bernhard Blume. Frankfurt am Main 1973.

BrNevar = Elya Maria Nevar, *Freundschaft mit Rainer Maria Rilke* [Briefe 1918-1923]. Mitgeteilt durch Elya Maria Nevar. Bern 1946.

BrNölke = *Die Briefe an Frau Gudi Nölke* [1919-1924]. Herausgegeben von Paul Obermüller. Wiesbaden 1953.

BrSizzzo = *Die Briefe an Gräfin Sizzo* [1921-1926]. Herausgegeben von Ingeborg Schnack. Wiesbaden 1977.

BrfwRilke / Taxis = *Briefwechsel Rilke – Marie von Thurn und Taxis* [1909-1926]. Besorgt durch Ernst Zinn. Mit einem Geleitwort von Rudolf Kassner. Frankfurt am Main 1986.

BrfwRilke / Vollmoeller = *Briefwechsel Rilke – Mathilde Vollmoeller* [1906-1914]. Herausgegeben von Barbara Glauert-Hesse. Frankfurt am Main 1993.

BrWunderly = *Briefe an Nanny Wunderly-Volkart* [1919-1926]. Im Auftrag der Schweizerischen Landesbibliothek unter Mitarbeit von Niklaus Biegler besorgt durch Rätus Luck. Frankfurt am Main 1977.

Coll / Lettres = *Collection Les Lettres, Rainer Maria Rilke (1875-1926)*. Paris 1952.

Zitierte Sekundärliteratur

Baumann = Baumann, Helmut, »Claire Golls Erinnerungen an Rainer Maria Rilke«. In: *Blätter der Rilke-Gesellschaft* 19 (1992), S. 187-200. Sigmaringen 1993.

Bergner = Bergner, Elisabeth, *Bewundert viel und viel gescholten ... Elisabeth Bergners unordentliche Erinnerungen*. München 1978.

Betz / Rilke = Betz, Maurice, *Rilke in Paris*. Übertragen und herausgegeben von Willi Reich. Zürich 1948.

Blumenthal = Blumenthal, Bernhardt, »Rilke und Claire Goll«. In: *Modern Austrian Literature* 15 (1982), Nr. 3/4, S. 169-182.

Burschell = Burschell, Friedrich, »Revolution und Neue Erde. München 1918/19. Aus meinen Erinnerungen«. In: Paul Raabe (Hg.), *Expressionismus. Aufzeichnungen und Erinnerungen der Zeitgenossen*. Olten und Freiburg i. Br. 1965.

Carossa = Carossa, Hans, *Führung und Geleit. Ein Lebensgedenkbuch*. Frankfurt am Main 1992.

Cattaui = Cattaui, Georges, *Claire Goll*. Présentation par Georges Cattaui, Edmée de La Rochefoucauld, Armand Lanoux. Paris 1967.

Feuchtwanger = Feuchtwanger, Marta, *Nur eine Frau. Jahre. Tage. Stunden*. München 1983.

Goll 3 = Goll, Claire, *Ich verzeihe keinem. Eine literarische Chronique scandaleuse unserer Zeit*. Bern / München 1978. [Französische Erstausgabe: *La Poursuite du Vent*. Paris 1976].

Goll 4 = Goll, Claire, *Lyrische Films. Gedichte*. Basel / Leipzig 1922.

Goll 5 = Claire Goll / Iwan Goll, *Meiner Seele Töne. Das literarische Dokument eines Lebens zwischen Kunst und Liebe*. Neu herausgegeben und kommentiert von Barbara Glauert-Hesse. München / Bern 1978.

Goll 6 = Yvan und Claire Goll, *Bücher und Bilder*. Katalog der Ausstellung im Gutenberg-Museum zu Mainz (9.5.-10.6.1973). Katalog und Gestaltung der Ausstellung: Barbara Glauert-Hesse. Mainz 1973.

Graf = Graf, Oskar Maria, »Über Rainer Maria Rilke«. In: *Frankfurter Hefte* 6 (1951), Heft 12, S. 896-911.

Hausenstein = Hausenstein, Wilhelm, »Erinnerungen«. In: Gert Buchheit (Hg.), *Stimmen der Freunde. Ein Gedächtnisbuch*. Freiburg 1931, S. 84-91.

Luck = Luck, Rätus, *Rainer Maria Rilkes Schweizer Vortragsreise 1919*. Frankfurt am Main 1986.

Mallarmé = Mallarmé, Stéphane, *Sämtliche Dichtungen*. Französisch und deutsch. Herausgeber: F.-R. Hausmann, E. Gräfin Mandelsloh und H. Staub. München 1995.

Prater = Prater, Donald A., *Ein klingendes Glas. Das Leben Rainer Maria Rilkes*. Aus dem Englischen von Fred Wagner. München 1986.

Salis = von Salis, Jean Richard, *Rainer Maria Rilkes Schweizer Jahre. Ein Beitrag zur Biographie von Rilkes Spätzeit*. Frauenfeld 1952.

Schnack = Schnack, Ingeborg, *Rainer Maria Rilke. Chronik seines Lebens. I. 1875-1920. II. 1920-1926*. Frankfurt am Main 1990.

Storck 1 = *Rainer Maria Rilke (1875-1926)*. Katalog der Ausstellung des Deutschen Literaturarchivs im Schiller-Nationalmuseum, Marbach am Neckar, 1975. Ausstellung und Katalog: Joachim W. Storck in Zusammenarbeit mit Eva Dambacher und Ingrid Kußmaul. Marbach am Neckar 1975.

Storck 2 = *Rainer Maria Rilke, Briefe zur Politik*. Herausgegeben von Joachim W. Storck. Frankfurt am Main, 1922.

Toller = Toller, Ernst, *Eine Jugend in Deutschland*. Amsterdam 1933.

Vollmer = Vollmer, Hartmut, »»Wie ein inneres Bild innen unter sicheren Lidern‹: Rainer Maria Rilke und Henriette Hardenberg. Dokumentation einer Freundschaft«. In: *Euphorion*, 87 (1993), Heft 1, S. 69-89.

Weidle = *Marianne Werefkin, »Die Farbe beisst mich ans Herz.«* Katalog der Ausstellung im August Macke Haus, Bonn (28.11.1999-27.2.2000). Konzeption, Buch und Ausstellung: Barbara Weidle. Bonn 1999.

Wolfenstein = Wolfenstein, Alfred, »Erinnerungen an Rilke«. In: *Basler National-Zeitung* (Sonntags-Beilage), 15.12.1942.

BriefwWolff = Wolff, Kurt, *Briefwechsel eines Verlegers. 1911-1963*. Herausgeber: Bernhard Zeller und Ellen Otten. Frankfurt am Main 1966.

Wydenbruck = Wydenbruck, Nora, *Rilke Man and Poet*. New York [1954].

Der Briefwechsel

Claire Goll äußerte sich in zwei verschiedenen Lebensabschnitten über ihre Beziehung zu Rainer Maria Rilke. Für die 1952 im Limes Verlag, Wiesbaden, geplante Edition von Rilkes Briefen an sie (*Briefe an Liliane*, s. *BrGoll 2*), übersetzte sie ihren 1927 in französischer Sprache erschienenen Gedenkartikel »Rilke et les femmes« (*Les Nouvelles Littéraires*, Paris, 7.2.1927) ins Deutsche. »Rilke und die Frauen« war in der ersten, 1944 erschienenen Edition von 21 Briefen Rilkes an sie (*Briefe an eine Freundin*, s. *BrGoll 1*) noch nicht enthalten. 1975 diktierte die fünfundachtzigjährige Schriftstellerin dem französischen Journalisten Otto Hahn in Paris ihre Lebenserinnerungen. Sie wurden 1976 im Verlag Olivier Orban, Paris, unter dem Titel *La Poursuite du Vent* veröffentlicht. Die deutsche Übersetzung erschien 1978 unter dem Titel *Ich verzeihe keinem* (Bern / München, s. *Goll 3*). Während sich der Bericht der sechsunddreißigjährigen Rilkefreundin 1927 zwar verklärt, in der Reminiszenz aber klar darstellt, scheint der fünfundachtzigjährigen Autorin die Erinnerung an ihre Begegnung mit Rilke in manchen Einzelheiten von anderen Ereignissen überlagert worden zu sein. Beide Berichte sind für die Korrespondenz von Bedeutung.

Anmerkungen

1. AN CLAIRE STUDER · Sonntag [17.11.1918]; nach: München [Regina Palast Hotel, Maximiliansplatz 5]; Briefumschlag fehlt; Datum aufgrund des Inhalts festgestellt.
Am 17. November 1918 fand die erste Begegnung des dreiundvierzigjährigen Rilke und der achtundzwanzigjährigen Claire Studer statt. Rilke lebte bereits seit dem 1. August 1914 in München. Claire Studer war im Januar 1917 in die Schweiz übergesiedelt. Ende Februar 1917 hatte sie in Genf den deutschfranzösischen Dichter Yvan Goll kennengelernt, mit dem sie bald in Zürich und Ascona zusammenlebte. Im November 1918 entschloß sie sich, nach München zu reisen (s. *Goll 3*, S. 79). Am 16. November erhielt Rilke einen Brief von ihr, in dem sie ihm ihren Aufenthalt in München mitteilte und die Bitte äußerte, ihn kennenlernen zu dürfen. In ihren Erinnerungen schrieb sie:

»Rilke stand für mich im Mittelpunkt aller Gedanken. Kaum war ich im ›Regina-Palasthotel‹ abgestiegen, […] so ließ ich durch den Pagen eine Botschaft zu Rilke bringen. Am nächsten Morgen schickte er mir ein riesiges Rosenbukett und ein Briefchen. ›Ich erwarte Sie morgen bei mir; wollen Sie?‹ fragte er mich. ›Ich bin schon lange ein Bewunderer Ihrer Gedichte.‹« (*Goll 3*, S. 80). Entgegen dieser Erinnerungen, daß Rilke schon nach Erhalt ihres Gedichtbandes *Mitwelt* »in seiner Antwort den Wunsch ausdrückte, mich kennenzulernen«, bekennt Rilke in diesem ersten Brief, »dass mein wirklich gefühlter Dank nicht zur Aussprache kam«.

Ihre frühere Sendung der ›Mitwelt‹: Der Band *Mitwelt. Gedichte von Claire Studer* erschien 1918 im Aktionsverlag, Berlin (Der Rote Hahn, Band 20). Besitzer des Verlags und Herausgeber der Zeitschrift *Die Aktion* war Franz Pfemfert, »unser großer moralischer und geistiger Führer durch die Jahre 1914-1918, der es uns ermöglichte, in seiner mutigen Zeitschrift *Die Aktion* Stellung gegen den Krieg und den Ungeist jener Zeit zu nehmen, der gefürchtet war wegen seiner unbeugsamen Haltung«. (Claire Goll, »Franz Pfemfert«. Unveröffentlicht. DLA Marbach) Aus Pfemferts Karte an Claire Studer vom 20.7.1918 (nach Zürich, Hadlaubstraße 15) läßt sich das genaue Veröffentlichungsdatum der *Mitwelt* feststellen. Er schrieb: »Liebe Claire Studer, der Versand der *Mitwelt* ist bereits fertig. In der kommenden Woche […] sende ich Ihnen Exemplare. […] Ergebenst Ihr Pfemfert.« (Unveröffentlicht. DLA Marbach) Es kann also davon ausgegangen werden, daß Claire Studer ihr Buch im Laufe des August 1918 von Ascona aus an Rilke schickte.

Es lag an den Umständen der Zeit: Rilke, der seit Mai 1918 in der Ainmillerstrasse 34 wohnte, hatte gesellschaftliche Verpflichtungen; außerdem besuchten ihn zu dieser Zeit der Verleger Anton Kippenberg, seine Frau Clara und die Tochter Ruth. Am 12. Juli 1918 hatte er Alfred Schuler gegenüber geklagt: »Meine Wohnung, statt mir Schutz zu bieten, ist zunächst erst recht zu einem Anziehungspunkt für hiesige und durchreisende Freunde geworden.« (*Schnack*, S. 597 f.)

heute steht es so: Am 16.11.1918 hatte Rilke an der »Revolutions-Feier des Soldaten-, Arbeiter- und Bauern-Rates« im Großen Haus des Nationaltheaters teilgenommen. Alfred

Wolfenstein berichtete darüber: »... ich erinnere mich, dass Rilke neben mir mit der ganzen Versammlung im Nationaltheater die neue Friedenshymne sang, und an sein sich lösendes Gesicht.« (*Wolfenstein*. Zitiert nach *Storck 1*, S. 235).

2. AN CLAIRE STUDER · Montag [18.11.1918]; nach: München [Regina Palast Hotel, Maximiliansplatz 5]; Briefumschlag fehlt; Datum aufgrund des Inhalts festgestellt.
Schwarze Madonna: Nach Claire Golls eigener Angabe 1975 eine kleine Statuette aus schwarzem Ebenholz, die sie Rilke aus der Schweiz mitgebracht hatte.
Liliane: Claire Studer wurde laut Auszug aus dem Geburtsbuch des Standesamtes Nürnberg, Eintrag Nr. 4063 vom 30.10.1890, am 29. Oktober 1890 als Clara Aischmann geboren. Als Yvan Goll sie im Februar 1917 kennenlernte, nannte er sie »Lillan«, und »Liane«, ab 1924 »Zou«, »Zouzou« und »Susu« (s. *Goll 5*). Die Namensform »Liliane« könnte von Rilke stammen.
Des gestrigen Abends: Rilke bekräftigt hier, daß Claire Studer ihn noch am 17.11. abends besuchte. Sie selbst berichtete in »Rilke und die Frauen«, daß sie vor diesem Besuch bei Lily Klee, der Frau des Malers Paul Klee, einkehrte, um sich Mut zu diesem ungewöhnlichen Besuch zu holen (s. *Goll 3*, S. 82-83). Annekathrin Merges-Knoth veröffentlichte in dem Ausstellungskatalog *Marianne Werefkin, »Die Farbe beisst mich ans Herz«* fünf Briefe Lily Klees an Marianne Werefkin. Am 13.7.1919 heißt es: »Claire Studer besuchte uns seinerzeit ganz kurz. Ich lud sie dann zum Abend ein; was sie fand nicht nötig zu kommen noch überhaupt abzusagen. Trotz allen Umsturzes bin ich doch der Ansicht, daß man doch die Urbegriffe von Umgangsformen sich erhalten sollte. Ich erwähne es bloß, um nicht in den Verdacht zu kommen, daß ich mich der betreffenden Dame gar nicht angenommen hätte. Sie machte auf mich einen sehr verfahrenen Eindruck.« (*Weidle*, S. 128). Lily Klees Klage dürfte sich auf den 17.11.1918 bezogen haben.
den[n] völlig ohne eine abgewendete Seite: Lesart von *denn* unsicher: Es kann auch *den* oder *der* heißen.
Auf morgen abend: Am Dienstag, 19.11.1918, fand die zweite Begegnung zwischen Claire Studer und Rilke statt. Am

Mittwoch, 20.11.1918, schrieb Rilke an Elya Maria Nevar: »Unruhige Tage voller Verabredungen: Ich wußte bis diesen Morgen nicht, ob uns der heutige Nachmittag erhalten bleibt. Er ist es, und hoffentlich ist es auch der Abend.« (*BrNevar*, S. 43).

3. AN CLAIRE STUDER · [23.11.1918]; nach: München [Regina Palast Hotel]; Kartenbrief ohne Umschlag. Laut Claire Goll durch Boten, mit einem Rosenstrauß gesandt.
Hier duzt Rilke Claire Studer zum ersten Mal; er nennt sie Liliane. In einer Rundfunksendung vom 8.9.1989 erinnerte sich Henriette Hardenberg, die seit 1912 mit Claire Studer befreundet war und seit 1916 auch zusammen mit ihrem Mann Alfred Wolfenstein zu Rilkes engerem Freundeskreis gehörte: »Mir war es z.B. unbegreiflich, daß Claire Studer sich mit Rilke duzte. Ich habe immer diesen natürlichen Abstand zwischen ihm und mir gefühlt. Er war kein schöner Mensch. Er war ein zartes Wesen und eigentlich in gewisser Weise zimperlich. Er hatte wunderbare Hände, die ich sehr gern sah. Aber als Mann wußte ich nicht, ihn reizvoll oder aufregend zu finden. Er war ein in sich geschlossener Mensch, da war er aufregend, aber nicht äußerlich.« (*Vollmer*, S. 86). Ähnliche Züge an Rilke hatte auch Claire Goll erkannt: »Rilke war ein Ästhet, in seiner Art sich zu kleiden ebenso wie in der Kunst sich einzurichten oder zu lieben. [... Er] war ein sehr zarter Mann mit einem wuchtigen Kopf auf einem Knabenkörper, leuchtendblauen Augen, aschblondem Haar und einem Robbenschnauzbart, der den Mund verdeckte. ›Ich habe Negerlippen‹, sagte er. Er hatte Probleme mit seinem Körper und suchte seine Dichtung mit seinen schwachen Muskeln und seiner etwas ätherischen Gestalt einigermaßen in Einklang zu bringen.« (*Goll 3*, S. 83-84).
Bei Dir zu sein: Claire Studer wohnte noch im Regina Palast Hotel.

4. AN CLAIRE STUDER · [25.11.1918]; nach: München [Regina Palast Hotel]; Kartenbrief ohne Umschlag. Laut Claire Goll durch Boten, mit einem Orchideen-Zweig gesandt.

Das Mittagessen bei mir: Dazu erinnerte sich Claire Goll: »In seiner abgeschirmten Klause, die stets von Frauen belagert war, stellte man sich den Dichter meist hungrig und durstig vor. Dabei war er ein echter Feinschmecker, der mich in Luxusrestaurants führte, während die Leute in München und dem übrigen Deutschland vor den Bäckereien Schlange standen, um einen Laib Schwarzbrot zu ergattern.« (*Goll 3*, S. 85).
Der, den Du nicht nennst: Zu Rilkes Haltung ihr gegenüber schrieb Claire Goll: »Rilke benahm sich sehr väterlich mir gegenüber. Er nannte mich ›mein Kind‹. Der Altersunterschied zwischen uns betrug dreizehn [15 sic!] Jahre, was mir damals ungeheuerlich erschien, zumal, da er schon der Geliebte ungezählter Frauen gewesen war. [...] Dennoch hatte ich viel Vertrauen zu ihm, zweifellos wegen seiner Zärtlichkeiten, die er mit aristokratischer Anmut freigebig austeilte.« (*Goll 3*, S. 85).
vor dem Bild: dem Isenheimer Altar (s. dazu S. 90 und *Goll 3*, S. 86).

5. An Claire Studer · [26.11.1918]

»*Die Geschwister*«: Laut Claire Golls eigener Aussage schenkte Rilke ihr das Gedicht am 26.11.1918, nach der ersten Liebesnacht. Es ist in gothischer Schrift, mit Tinte, geschrieben, während die handschriftliche Widmung in lateinischer Schrift, mit Bleistift, daruntergesetzt wurde.
I. o wie haben wir, mit welchem Wimmern, II. *Laß uns in der dunklen Süßigkeit:* Beide Gedichte entstammen dem Zyklus *Gedichte an die Nacht*. Sie wurden gegen Ende 1913 in Paris geschrieben (s. dazu *Schnack*, S. 452) und waren 1918 unveröffentlicht; erstmals veröffentlicht in: *SW I-VI*, Band II, S. 68-69).
Mehrmals hatte Rilke seine Wohnung in der Ainmillerstraße 34 gegenüber Freunden beschrieben. Am 24. April 1918 berichtete er der Fürstin Marie von Thurn und Taxis: »... ich bekomme ein Atelier mit Terrasse und zwei nette Zimmer dazu, zur Terrasse gehören große Kübel mit Rosen und Nelken und zum Ganzen eine oesterreichische Köchin, die mit einigem Hausrath zu mir übergeht ...«. (*BrfwRilke / Taxis*, S. 551). Claire Goll beschrieb Rilkes Wohnung in »Rilke und die Frauen« (s. S. 88 f., *Goll 3*,

S. 83, 86, und *Nevar,* S. 44-45). Über die Aktivitäten in seiner Wohnung im Herbst 1918 äußerte er sich am 28.11.1918 in einem Brief an Adrienne Sachs: »Über ›Arbeitsruhe‹, ach nein, hatte ich mich nicht zu beklagen. Das Wort ›Ruhe‹ steht nicht in meinem münchner Wörterbuch und das Wort ›Arbeitsruhe‹ ist eine Zusammensetzung, die ich anstaune, mich fragend, ob sie sprachlich berechtigt sei, weiter nichts.« (*BrKokoschka,* S. 69).

Von Rilkes psychischer und physischer Unruhe in dieser Zeit berichten die Freunde Friedrich Burschell (*Burschell,* S. 251), Hans Carossa (*Carossa,* S. 124) und Alfred Wolfenstein: »Abends sah ich ihn einmal durch die Ludwigstraße wie in Panik laufen, wie von hohlen Sturmwellen geschüttelt, mit herabhängenden Armen, aus denen zuweilen eine trostlose rhythmische Geste zuckte. Es war der unvergeßliche Anblick eines von der Krise bis in den letzten schöpferischen Kern durchtobten großen Dichters, dem zum ersten Male die Sprache versagte, um zu sagen, was er litt. Und dessen vornehmes Gewissen in dieser Krise der Welt fühlte, daß er nicht gewohnt und nicht veranlagt war zu sagen, was die anderen litten.« (*Wolfenstein.* Zitiert nach *Vollmer,* S. 72).

Claire Studer zog nach wenigen Tagen aus dem Regina Palast Hotel zu Henriette Hardenberg. In ihren Erinnerungen schrieb sie von ihr: »Zum Beispiel nahm ich mit der Frau des Dichters Alfred Wolfenstein regelmäßig Luftbäder auf dem Land um Leipzig. In kurzen Hemdchen liefen wir dem Wind entgegen und sogen tief die frische Luft ein.« (*Goll 3,* S. 28-29). Rilke war von Henriette Hardenberg begeistert. Ihr erster Gedichtband *Neigungen* erschien 1918 im Roland Verlag, München (Die Neue Reihe, Band 12). Im Rückblick schrieb die siebenundsiebzigjährige Autorin am 10. Oktober 1971 aus ihrem Londoner Exil über ihre Beziehung zu ihm: »Damals war Rilke sicherlich schon ein von den Umständen der Zeit stark beeinflusster Mensch. War es ihm wohl immer schwierig gewesen mit dem Leben, wie es die Meisten verstehen, in Einklang zu kommen, die Kriegsjahre machten ihn tief deprimiert, ganz in sich zurückgezogen und in Abwehr gegen die Außenwelt. Trotz allem hatte er ein Gleichmass, eine trostreiche Harmonie ging von ihm aus, sodass ich oft empfand, wie gut es sei, zu ihm und in seine Stille zu flüchten und seinen beruhigenden Einfluss zu

spüren.« (Brief an Barbara Glauert-Hesse; unveröffentlicht; s. dazu auch Brief 7).
Nach kurzer Zeit zog Claire Studer von den Wolfensteins direkt zu Rilke (s. *Goll 3*, S. 86). Ein gewisser Zweifel an diesem »Umzug« bleibt angesichts der vielen Besucher von Rilkes Wohnung, angesichts der ständigen Anwesenheit von Rilkes resoluter Haushälterin Rosa Schmid, auch angesichts der Tatsache, daß Rilke in politischen Kreisen Münchens durch seine Freundschaften zu Kurt Eisner, Sophie Liebknecht und Ernst Toller als suspekt galt. Oskar Maria Graf erinnerte sich: »Wegen seiner Bekanntschaft mit Toller und anderen Revolutionsmännern fing die Münchner Polizei an, den Dichter zu beschnüffeln. Daß er nebenbei noch ›Landfremder‹, tschechischer Staatsbürger war, schien besonders verdächtig ...« (*Graf*, S. 903). Claire Goll bestätigte diese Ansicht in ihren Erinnerungen (s. *Goll 3*, S. 88).
Es ist nicht sicher, wann genau Claire Studer den »augenblicklichen Geliebten« und München wieder verließ. Seinen dreiundvierzigsten Geburtstag am 4. Dezember 1918 verbrachte Rilke mit Elya Maria Nevar (s. *BrNevar*, S. 47). Claire Studers Begründung ihrer mehr oder weniger überstürzten Abreise aus dem revolutionären München in das revolutionäre Berlin war: »Nach dem friedlichen Inselaufenthalt in Rainer Maria Rilkes gläserner Festung hatte ich das Bedürfnis, neue Kontakte mit der Wirklichkeit aufzunehmen. Ich wollte die Revolution wiedersehen. Ich stieg also in den Zug, ohne mich auch nur bei meinen Eltern zu melden.« (*Goll 3*, S. 89). Vermutlich reiste sie in den ersten Dezembertagen nach Berlin.

6. AN CLAIRE STUDER · Sonntag [29.12.1918]; nach: Berlin W, Motzstraße 49, Gartenhaus, bei Dr. Gumbel; Briefumschlag erhalten. Der Brief wurde per Einschreiben (München 1, Nr. 137) gesandt. Poststempel: München 29.12.18; Datum aufgrund des Poststempels festgestellt. Der Briefumschlag trägt auf seiner Rückseite Rilkes Siegel, auf der Vorder- und Rückseite den handschriftlichen Zusatz von Claire Goll: »Vorsicht! Brief enthält eine Blume Rilkes. C.«, eine Nelke, wie der Abdruck auf dem Briefblatt zeigt. Erstdruck in: *Briefe I/II*, S. 566-567.

Dein Feuerschein: Claire Studer hatte rote Haare.
Bei Deiner unbegreiflich schönen Freundin: Elisabeth Bergner. Claire Studer und Elisabeth Bergner hatten sich 1917 in Zürich kennengelernt. Sie war 1916 zu einem Engagement am Stadttheater (heute Schauspielhaus) nach Zürich gekommen. Claire Studer und Yvan Goll zogen Mitte 1917 von Genf und Lausanne nach Zürich (s. *Goll 3*, S. 47). Claire Studer wohnte in der Vogelsangstraße 3. Mitte April 1918 siedelten sie nach Ascona über, behielten jedoch Golls Zimmer Hadlaubstraße 15 bei. In ihrem *Zürcher Tagebuch 1917* schrieb sie am 1.10.1917: »Wir zogen um. I.'s Zimmer hängt über der Welt. Meines kniet wie ein Kind zu ihm hinauf.« (Claire Studer, *Zürcher Tagebuch 1917*. Unveröffentlicht. Original im DLA Marbach). In ihren Erinnerungen schrieb sie: »Da es sich für eine junge Frau nicht schickte, allein zu wohnen, teilte ich die Wohnung mit einer Freundin, der Schauspielerin Elisabeth Bergner.« (*Goll 3*, S. 39). Dieser Äußerung gegenüber steht die Erinnerung der Bergner aus dem Jahre 1978: »Zürich. Ich traf pünktlich ein und meldete mich beim Theatersekretär Matthias Bödecker. Ich fragte, ob er mir eine Wohnung empfehlen könne. Er schickte mich sofort zu seiner Frau. Und schon war ich zu Hause.« (*Bergner*, S. 23). Sowohl Claire Studer und Yvan Goll, als auch Elisabeth Bergner und ihr Freund Albert Ehrenstein gehörten in Zürich zur sogenannten »Dada-Familie« (*Ibid.*, S. 28). 1922 veröffentlichte Claire Goll in *Lyrische Films* das Gedicht »Zwölfuhr-Gefühl« mit der gedruckten Widmung »Elisabeth Bergner in Liebe«. (*Goll 4*, S. 28.)
Weihnachten ganz ohne Dich: Am 19.12.1918 schrieb Rilke an Anni Mewes: »Wenn ich mich auf die Feiertage freue, so ists, weil ich sie mir einsamer einzurichten hoffe als die meisten Tage aus den letzten Wochen.« (*Briefe I/II*, S. 566).
Deine Klage that mir Unrecht: Aus dieser Zeit sind keine Briefe Claire Studers an Rilke erhalten.
Auch ein kleiner Gegenstand: nicht mehr zu ermitteln.
Rosa: Rilkes Haushälterin Rosa Schmid.
Deinem spanischen Tuch: Claire Studer, ausgebildete Tänzerin, hatte öfter vor Rilke getanzt und spanische Tänze mit einem solchen Tuch begleitet. In der Erinnerung schrieb sie: »Was er [Rilke] anfaßte, geriet zum Märchen. Eine Liebesnacht verwan-

delte sich bei ihm in eine Erzählung der Scheherazade. Und um die Illusion zu vollenden, bat er mich, ihm den Tanz der sieben Schleier vorzuführen. Ich tanzte gut, und er verschlang mich mit den Augen. Der letzte Schleier, der meinen Körper bedeckte, wurde unter uns eine Art Losungswort, das in manchen seiner Gedichte wiederkehrt.« (*Goll 3*, S. 85-86).

Claire Studer blieb von Anfang Dezember 1918 bis Mitte Januar 1919 in Berlin. Sie wohnte bei dem Mathematik-Professor Dr. Emil Julius Gumbel, nahm an politischen Demonstrationen teil und besuchte das »Café des Westens«, wo sie Elisabeth Bergner, Else Lasker-Schüler, Wolfenstein, Kurt Wolff und andere ehemalige Freunde traf. Das Weihnachtsfest 1918 verbrachte sie mit Gumbel und Albert Einstein (*Goll 3*, S. 91-92, 94-95). Mitte Januar 1919, wenige Tage vor der Ermordung von Karl Liebknecht und Rosa Luxemburg, reiste sie über Zürich zurück zu Yvan Goll nach Ascona. (*Goll 3*, S. 96). Ihr Fazit der Reise zu Rilke: »... inzwischen war ich zu Goll zurückgekehrt. Der Egozentriker Rilke wollte mich einsperren, während Yvan der Welt offen war und mich auf seinem Weg mitriß.« (*Ibid.*, S. 104). Für Rilke begann das Jahr 1919 ruhig. Mit aller Kraft versuchte er in den ersten Monaten 1919, seine Reise in die Schweiz zu verwirklichen, zumal die politischen Zustände in München bedrohlich für ihn wurden. Die Reise wurde von mehreren Freunden für ihn vorbereitet. Im November 1918 hatte Hans Bodmer, Präsident des Lesezirkels Hottingen bei Zürich, ihn zu einer Lesung eingeladen. Durch seine zögerliche Haltung wurde sie schließlich in den Herbst 1919 verschoben (s. dazu *Luck*, S. 180-181, 182-183).

Am 21. Februar 1919 war der Ministerpräsident des Freistaates Bayern, Kurt Eisner, von Anton Graf von Arco-Valley ermordet worden. Am 7. April 1919 wurde die Räterepublik ausgerufen. Am 1./2. Mai 1919 besetzten Regierungstruppen München. Auch Rilke blieb von diesen Ereignissen nicht verschont und litt unter dem sogenannten »weißen Terror«. Es kam zu polizeilichen Hausdurchsuchungen bei ihm. Marta Feuchtwanger berichtet in ihren Erinnerungen über eine Aktion Erich Mühsams zugunsten von Rilke: »Doch um allen Möglichkeiten vorzubeugen – es war immerhin Revolution –, gab er [Mühsam] einem Soldaten die Weisung, zu Rainer Maria Rilke nach

Schwabing zu gehen und an seiner Tür einen Zettel zu festigen: ›Bei dem Dichter Rilke darf nicht geplündert werden.‹ Unterschrift: ›Die Revolution‹.« (*Feuchtwanger*, S. 119). Ernst Toller, der sich auf der Flucht befand und einen Unterschlupf suchte, berichtete 1933 über eine Begegnung mit Rilke aus jenen Tagen: »Am Nachmittag kommt Rilke [...] – Ich bin sehr betrübt, bei mir sind Sie nicht sicher, zweimal schon wurde mein Haus durchsucht. Sie hatten meine Wohnung unter den Schutz der Räteregierung gestellt, ich vergaß, den Anschlag zu entfernen, das wurde mir zum Verhängnis.« (*Toller*. Zitiert nach *Storck 2*, S. 592).

Am 6. Juni 1919 erhielt Rilke die Einreisebewilligung in die Schweiz. Am 11. Juni 1919 verließ Rilke München. Er kehrte nicht wieder nach Deutschland zurück.

7. AN CLAIRE STUDER · Sonntag [9.3.1919]; nach: Ascona, (Tessin) Casa Abbondio; Briefumschlag erhalten. Der Brief wurde per Einschreiben (München 45, Nr. 92) gesandt. Poststempel: München 10.3.19; Datum aufgrund des Poststempels festgestellt.
Für diese rein entschlossenen Bücher Iwan Golls: Um welche Bücher es sich handelte, läßt sich nicht mehr feststellen. In Frage kommen: *Dithyramben* (Leipzig, Kurt Wolff Verlag [1918]), *Der neue Orpheus. Eine Dithyrambe* (Verlag der Wochenschrift *Die Aktion*, Berlin, 1918) und *Der Torso. Stanzen und Dithyramben* (München, Roland Verlag, 1918).
Duhamel: Georges Duhamel, französischer Schriftsteller, 1919 Anhänger der Antikriegsbewegung »Clarté«, deren gleichnamige Zeitschrift Yvan Goll in Paris herausgab. Als Bücher kommen in Frage: *Vie des Martyrs* (1914-1916), Novellen, deutsch 1919. *Civilisation* (1914-1917), Novellen 1918 (*Über den Krieg*). *La possession du monde* (1919).
Elie Faure: französischer Kunsthistoriker und Essayist.
Katalog der Rodin-Ausstellung: Rilke hatte Auguste Rodin 1902 zum ersten Mal in Meudon bei Paris besucht. 1903 erschien seine Monographie über ihn in der von Richard Muther herausgegebenen Sammlung *Die Kunst* (Berlin, Julius Bard). Auf Einladung Rodins war Rilke im September 1905 wieder nach Paris gereist. Er wohnte bis Mai 1906 als Rodins Gast in

dessen Villa des Brillants in Meudon-Val-Fleury. Am 17. November 1917 starb Rodin. 1919 erschienen die Kataloge mehrerer Gedächtnisausstellungen für Rodin. Obwohl er Kippenberg gegenüber einen dritten Teil zu seiner früheren Rodin-Arbeit ablehnte, faßte Rilke einige ihm bis dahin unbekannte Daten für die 1919 geplante Neuauflage des Rodin-Buches zusammen (s. dazu *SW I-VI*, Band V, S. 245 f., und Band VI, S. 1310, sowie *Luck*, S. 132-140). Während seiner Schweizer Vortragsreise 1919 hielt er regelmäßig auch den Vortrag über Rodin. Daß Claire Studer ihm den Rodin-Katalog hatte schicken lassen, vermerkte er in seinem Brief an Katharina Kippenberg vom 7.3./9.3.1919 (*BrfwRilke / Kippenberg*, S. 338).
Papst-Büste: Rodin war im Februar 1915 in Rom gewesen und hatte eine Büste des Papstes Benedikt XV. angefertigt (s. dazu *BrNölke*, S. 494).
Maeterlinck (von 1917) L'Hôte Inconnu: Maurice Maeterlinck, belgischer Schriftsteller.
Deinen Shawl: Rilke hatte von Henriette Hardenberg nach Claire Studers Abreise aus München deren Shawl mit der Bitte zugesandt bekommen, ihn bei seiner Reise in die Schweiz mitzunehmen und an Claire Studer zurückzugeben. Im Rückblick schrieb Henriette Hardenberg am 6.8.1971 dazu: »Die Angelegenheit ist sehr lange her, ich glaube aber, dass Claire Goll damals zu Besuch bei uns in München wohnte und bin sicher, dass ich ihr Brief und Kleid geschickt haben werde, wenn sie Beides bei uns zurückgelassen hätte. Ich traf sie bereits mehrere Jahre vor diesem Münchner Besuch in Berlin, wo wir gemeinsam an dem Tanzunterricht der Dalcroze-Schule teilnahmen (in griechischen Gewändern!). Sowohl ihren ersten Mann wie vor allem Iwan Goll, kannten Wolfenstein und ich gut.« (Brief an Barbara Glauert-Hesse. Unveröffentlicht). Am 22.3.1919 schrieb Rilke an Henriette Hardenberg: »Liebe Henriette Hardenberg, Claire Studer's wunderschöner Shawl, den ich einmal (ach: wann?) nach der Schweiz mitnehmen soll, ist vermuthlich von Ihnen zu mir gekommen ...; nun schrieb sie neulich, es müsse mit ihm zugleich ein Tanz-Kleid und ein Brief in jenem Paket eingetroffen sein. Den *Brief* nun möchte sie gesendet haben: wollen Sie so gut sein ihn schicken, falls er bei Ihnen ist? Sie kennen die Adresse: Ascona, (Tessin) Schweiz Casa Abbondio.

(Man schreibt's mit soviel Vorstellung und ›Abbondio‹ ist so eine eindrucksvoll traumig verknotete Verbindung von Abbundanz und gutem Gott.) Grüße R.M.R.« (An Frau Henriette Hardenberg-Wolfenstein, München, Schwabing, Moltkestraße 9. Unveröffentlicht. Original im DLA Marbach).
Längst alle Blumen: Hier fehlt vermutlich ein Brief von Claire Studer an Rilke.

8. AN CLAIRE STUDER · Sonnabend, am 22. März [1919]; nach: [Ascona (Tessin), Casa Abbondio]; kein Briefumschlag erhalten. Jahreszahl aufgrund des Inhalts festgestellt.
Dein wunderschöner Shawl: s. Brief 7.
Henriette Hardenberg: s. Brief 7.
Möge Dir der Garten: Auch hier fehlt ein Brief von Claire Studer an Rilke.
Der Maeterlinck: s. Brief 7.
Den neuen Barbusse: Henri Barbusse, französischer Schriftsteller. 1919 war Barbusse wie Duhamel in der Antikriegsbewegung »Clarté« engagiert. Im gleichen Jahr veröffentlichte er seinen Roman *Clarté* (deutsch 1920). Den 1920 in Französisch veröffentlichten Roman *La Lueur dans l'abîme (Der Schimmer im Abgrund)* übersetzte Yvan Goll ins Deutsche (Basel, Rhein Verlag, 1920).
Charles Vildrac: französischer Schriftsteller. Rilke war während seiner Zeit in Paris eng mit Charles Vildrac befreundet. Auch Yvan und Claire Goll wurden Freunde Vildracs (s. *Goll 3*, S. 121). An Magda von Hattingberg hatte Rilke am 24.2.1914 über Vildrac geschrieben: »Fast zum Schluß trat ich bei einem jungen Franzosen ein, einem Dichter, der einen kleinen Bilderhandel betreibt in der rue de Seine, um mit diesem Geschäft alles Zweideutige von seiner eigenen Kunst abzuhalten.« *(BrfwRilke / Benvenuta.* Zitiert nach *Schnack*, S. 465).
Vor-Übungen zu Michelangelo: Michelangelo Buonarrotti, italienischer Künstler. Rilke hatte sich seit 1905 mit Michelangelos Werk befaßt. Seit 1913 übertrug er Gedichte von ihm. Am 10.2. 1914 schrieb er an Kurt Wolff, daß er für dessen *Weiße Blätter* »etwas aus meinen einzelnen Versuchen geben [könnte], Michelangelo zu übertragen«. (*BriefwWolff*, S. 140).

Giuliano Cassiani: italienischer Dichter. Rilkes deutsche Übertragung des »Raub der Proserpina« wurde erstmals veröffentlicht in: *BrGoll 1*, S. 12. Am 7.3.1919 hatte Rilke an Katharina Kippenberg geschrieben: »... nun kommen endlich auch die Italienischen Sonette zurück; ich habe sie lange behalten. Aber das Kapital hat Zinsen getragen, die ich hier beifüge, sieben an der Zahl; diese konkurrierenden, ganz unbefugten Übersetzungen dürften nirgends sonst vorkommen, als in Ihren Händen, in die ich sie allerdings außerordentlich gerne schicke. Sie können sich denken, wie so etwas entsteht; halb aus unvermeidlicher Anregung, zu einem Teile auch wohl aus gelegentlichem Widerspruch.« (*BrfwRilke / Kippenberg*, S. 336-345). Rilke sandte u.a. Michelangelos Sonett CXIX und Cassianis »Der Raub der Proserpina«. Katharina Kippenberg hatte Rilke am 11.2.1919 sieben Italienische Sonette zur Prüfung übersandt; sie waren dem Insel Verlag durch Theodor Däubler zugegangen, den der Verlag um einen Band italienischer Lyrik für die Insel-Bücherei gebeten hatte. Däublers Sonette wurden nicht gedruckt. Auch Rilke wehrte sich gegen die Veröffentlichung seiner Michelangelo-Übersetzungen. Sie wurden erst 1954 in seine Korrespondenz mit Katharina Kippenberg aufgenommen.
Am 7.4.1919 sandte Rilke seine Übertragungen an Karl von der Heydt mit den Worten: »... und diesen erstaunlichen ›Ratto di Proserpina‹. Was sagen Sie dazu? Ist dieser Giuliano Cassiani [...] nicht ein flagranter Vorläufer meiner ›Neuen Gedichte‹. Ich habe ihn nie nennen hören, (und habe also Hoffnung, nach etwa zweihundert Jahren ebenso ›bekannt‹ zu sein, wie er!)« (*BrHeydt*, S. 226, 227-229, 230-231). In: *BrGoll 1* ist das Gedicht nicht abgedruckt.

9. An Claire Studer · Am 2. April [1919]; nach: Ascona (Tessin), Casa Abbondio; Briefumschlag erhalten. Der Brief wurde per Einschreiben (München 45, Nr. 970) gesandt. Jahreszahl aufgrund des Inhalts festgestellt.
Friedrich Burschell: Schriftsteller, Herausgeber der spätexpressionistischen Zeitschrift *Neue Erde*. Rilke verkehrte freundschaftlich mit Burschell und schlug ihn im Sommer 1918 dem

Insel Verlag als Übersetzer für eine geplante Gesamtausgabe der Werke des französischen Romanciers Charles Louis Philippe vor. In seiner Übersetzung erschienen 1922 *Marie Donadieu* und *Charles Blanchard*.
Seine Zeitschrift: Neue Erde. Eine Halbmonatsschrift. (München, Dreiländerverlag).
Francis-Jammes-Übertragungen: Francis Jammes, *Cinq prières pour le temps de la guerre* (Paris, Librairie de l'art catholique, 1916). Burschell veröffentlichte von Jammes *Der Pfarrherr von Ozeron* (München / Hellerau, Jakob Hegner Verlag, 1921). Claire Studer hatte 1921 *Dichter Ländlich (Le Poète Rustique)* übersetzt (Basel, Rhein Verlag).
Mallarmés »Eventail de Mlle Mallarmé«: Stéphane Mallarmé, französischer Lyriker. Dem Brief Rilkes lag die deutsche Übertragung der ersten vier Strophen »Fächer von Mademoiselle Mallarmé« bei. Rilke übertrug das Gedicht im Frühjahr 1919. Der deutsche Erstdruck erfolgte – zusammen mit dem 1884 in *La Revue critique*, Paris, erstveröffentlichten französischen Original – im Juni 1920 in Heft 5 des ersten Jahrgangs des *Inselschiff*. Am 7.4.1919 sandte Rilke das Originalgedicht und seine deutsche Übertragung an Karl von der Heydt mit den Worten: »In der Anlage das Experiment eines eben noch an den Grenzen der Übertragbarkeit schwebenden Mallarmé-Gedichtes.« (*BrHeydt*, S. 226). Auch hier schickte er nur die ersten vier Strophen und fügte nach der deutschen Übertragung hinzu: »Freilich das unbeschreibliche Glück der Muse: ... l'unanime pli ... bleibt unwiedergegeben!« (*Ibid.*, S. 227). [Wir drucken auch die französische Originalfassung ab aus: *Mallarmé*, S. 78].
Hat Iwan Goll ...: Von Goll ist keine Übersetzung von »Eventail de Mlle Mallarmé« bekannt, wohl aber eine »Nachdichtung von Iwan Goll« des Gedichts »L'après-midi d'un faune«: »Der Nachmittag eines Fauns«. Veröffentlicht in: *1919. Neue Blätter für Kunst und Dichtung* Nr. 2 (1919), S. 50-51.
Über Claire Studers und Yvan Golls Aufenthalt in Ascona liegen bis heute keine genauen Daten vor. Golls »Gesang« *Astral* (Rudolf Kämmerer Verlag, Dresden, 1920) trägt den Vermerk: »Astral entstand in Ascona, im Mai 1919.« Auch aus der persönlichen Korrespondenz zwischen Claire und Yvan Goll läßt sich nichts über die Jahre 1919 und 1920 ablesen. Zwischen

August 1918 und Oktober 1921 sind keine Briefe zwischen beiden Partnern erhalten.
Rilke reiste am 11. Juni 1919 von München nach Zürich. Vom 16.-18.6. war er in Nyon, vom 18.-27.6. in Genf, vom 27.6.-9.7. in Bern. In einem Brief an Lou Andreas-Salomé vom 20.7.1919 faßte er seinen bisherigen Aufenthalt zusammen: »Du liest: ›Baur au Lac‹, und kannst Dir wohl denken, daß das nicht das eigentliche Zu-Ruhe-gekommen-sein bedeuten kann. Ich bin, im Gegentheil, immer unterwegs gewesen. [...] Es ist nicht leicht, sich wieder einigermaßen in's Freie umzustellen, rein schon körperlich ist der Wechsel verwirrend. [...] Ich denke im Bergell, auf den Terrassen, die sich von Maloja gegen Italien zu hinuntersenken, den Ort zu finden, der mich so anmutet, als wärs nicht Ziel und nicht Zufall.« (*BrfwRilke / Salomé*, S. 414). Zwischen dem 2.4.1919 und dem 24.7.1919 sind keine Briefe zwischen Rilke und Claire Studer erhalten.

10. AN RAINER MARIA RILKE · [24.7.1919]; nach: Soglio (Oberengadin), Pension Willy; Briefumschlag erhalten. Poststempel: Zürich 24.VII.1919; Datum aufgrund des Poststempels festgestellt. Claire Studer gibt als Absender »Spielweg 7, bei Henning« an. Es handelt sich hier tatsächlich um den Spielweg und nicht um einen Spiegelweg oder die Spiegelgasse. Das Dadakabarett und die Künstlerkneipe Voltaire befanden sich in der Spiegelgasse 1. Während Rilke sich vom 11.-15.6. und ab 9.7.1919 wieder in Zürich aufhielt, hatte er sich wohl erst gegen Ende seines Aufenthaltes dort, am 23. Juli, zu einem Besuch bei Claire Studer und Yvan Goll entschlossen. Es war sein erstes persönliches Zusammentreffen mit dem Lebensgefährten Claire Studers (s. Brief 11). Bei seiner Ankunft in Zürich am 11. Juni war er in Begleitung von Albertine Cassani gewesen, die er während der Reise kennengelernt hatte. Als er am 9. Juli noch einmal nach Zürich kam, empfing ihn nicht Claire Studer, die offenbar noch nichts von seinem Kommen wußte, sondern wieder Albertine Cassani. Da er sich in Zürich nicht wohl fühlte, nahm er das Angebot eines Bekannten an, in Soglio (Oberengadin) im Palazzo Salis, damals »Pension Willy«, Quartier zu nehmen. Dort blieb er bis 21. Juli 1919.

Das fremde Zimmer: in der Pension Willy in Soglio.
Tausendjährige Einsamkeit: Der Begriff der Einsamkeit wurde oft zwischen Rilke und Claire Studer verwendet (s. dazu *Blumenthal*, S. 169-182).
Mein »Gefühl«: Claire Studer sandte Rilke ihre Gedichtsammlung *Gefühle. Verse von Claire Studer.* Sie enthält 27 Gedichte, entstanden in den Jahren 1917-1919. Drei von ihnen wurden 1922 in die Gedichtsammlung *Lyrische Films* (s. *Goll 4*) aufgenommen. Die übrigen Gedichte blieben unveröffentlicht (s. dazu Brief 11).

11. AN CLAIRE STUDER · Am 5. August 1919; nach: [Zürich, Spielweg 7, bei Henning]; kein Briefumschlag erhalten.
Deine Gedichte: Gefühle. Verse von Claire Studer.
Kippenbergs: Rilke hatte am 3. August 1919 an Katharina Kippenberg geschrieben. Das Ehepaar Kippenberg machte vom 21.7.-20.8.1919 in Villingen Urlaub. Vermutlich sandte Rilke zwischen dem 5.8.1919 [Brief an Claire Studer] und dem 11.8.1919 [zweiter Brief an Katharina Kippenberg] auch Claire Studers Gedichttyposkript dorthin. In die linke obere Ecke des Titelblattes hatte er handschriftlich hinzugefügt: »Bitte: Ihre Meinung.« Dazu erläuterte er am 11.8.: » [...] nun sandte ich Ihnen aber einige sehr zeitgenössische Gedichte, Frauengedichte, aus einem sehr vollkommenen Körpergefühl, wie ich es ausdrücken möchte, hervorgewachsen und in einer lebhaften Geistesgegenwart innerlich angeordnet –, heute schicke ich, ohne mehr zu sagen, einen Nachtrag. (Vier von diesen Gedichten waren schon veröffentlicht, darunter die ›Junge Akrobatin‹, die ich zuerst von Cl. St. kannte -) nun bin ich gespannt, wie Sie das alles aufnehmen.« (*BrfwRilke / Kippenberg*, S. 362). Das Gedicht »Junge Akrobatin«, das bereits in Claire Studers Band *Mitwelt* veröffentlicht worden war, gehörte nicht zu dem Konvolut von 1919. Einen Tag später antwortete Katharina Kippenberg: »Über Claire Studer ein nächstes Mal.« (*Ibid.*, S. 366). Am 4. September 1919 schrieb sie: »Ich habe mich mit Claire Studer bereits früher beschäftigt, die Gedichte sind gut, natürlich sind sie das. Sie gewinnen im Augenblick so sehr. Aber das unerbittliche Nachgefühl, das sich einstellt und das ich mir

deute als den Kampf des neu eingedrungenen Wertes gegen die alten, spricht ihnen nicht den Sieg zu. Es läßt sie erscheinen als im Boden der Zeit steckend, zwar in seiner besten Materie, aber doch werden sie mit ihr beim nächsten Wetter hinweggewaschen werden, das vom ewigen Himmel kommt. Daß Rilke Freude an ihnen hat, ist ganz selbstverständlich – in entferntem Vergleich so, wie wenn van de Velde irgendwo ein Waschgeschirr findet, das seine Prägung trägt. Es gefällt ihm, aber man wird in ihm v.d.V. und nicht den Keramiker jenes Städtchens werten.« (*Ibid.*, S. 370-371). Erst am 6. April 1921 erhielt Rilke ihre endgültige Absage: In einem Briefnachsatz schrieb sie: »Studer – nein!« (*Ibid.*, S. 418).

Das Gedichttyposkript blieb im Insel-Verlagsarchiv, vermutlich bei der Korrespondenz Rilkes mit dem Verlegerehepaar. Am 4. Dezember 1943 wurde das Leipziger Verlagshaus, im Februar 1945 Kippenbergs Privathaus zerstört. Schon vorher waren wertvolle Verlagsdokumente, darunter auch die Briefwechsel mit Rilke, in Sicherheit gebracht worden. Als das Ehepaar Kippenberg im Sommer 1945 in Marburg / Lahn Unterkunft fand, kamen auch Rilkes Briefe dorthin. 1947 starb Katharina Kippenberg, 1950 Anton Kippenberg. Nach und nach gelangte ihrer beider Nachlaß, darunter auch ihre Rilke-Sammlung, in das Deutsche Literaturachiv in Marbach. Claire Golls Gedichtsammlung *Gefühle* wird seit den sechziger Jahren ebenfalls dort aufbewahrt. Sie glaubte, ihre Gedichte seien in Leipzig verbrannt. Sie hat nie mehr erfahren, daß sie gerettet und in dem Haus aufbewahrt wurden, dem sie 1969 auch den Nachlaß Yvan Golls und ihren eigenen anvertraute. Die Herausgeberin »entdeckte« das Typoskript 1988 im Handschriftenkatalog des DLA.

Du schreibst meinen Namen nicht davor: Ebenso wenig gern vergab Rilke persönliche Widmungen an ihm Unbekannte. So schrieb er am 23.1.1919 an Lotte Bielitz: »Der Wahrheit nach muß ich sagen, daß ich ähnlichen Ansprüchen sonst immer absage, da mir die Einschrift in ein Buch nur als persönliche Verbindung möglich scheint, die ein Sich-kennen und Sich-berührthaben zur Voraussetzung hätte. Aber ich habe bei Ihnen das Lange-Wartenlassen gut zu machen ...« (*GBr I-VI*, Band IV. Zitiert nach *Schnack*, S. 623).

in Sils: Rilke hatte den dänischen Maler Rudolf R. Junghanns und dessen Frau Inga im Engadin besucht.
Iwan Goll, Die drei guten Geister Frankreichs: Berlin, Erich Reiss Verlag, 1919. (Tribüne der Kunst und Zeit Band 5). Auf dem Innentitel der Vermerk: »Geschrieben Okt. – Nov. 1918«.
Noch von Ascona kommend: Claire Studer und Yvan Goll waren Mitte Juli 1919 nach Zürich zurückgekehrt.
Elisabeth Bergner: s. Brief 6.
Euer [e] Aussichten für Paris: s. Brief 15. Yvan Goll war 1891 in Saint-Dié-des-Vosges als französischer Staatsbürger geboren worden, hatte aber 1909 aber auf Antrag seiner Mutter die deutsche Staatsangehörigkeit erhalten. Bei Ausbruch des Ersten Weltkriegs entzog er sich der Einberufung in das deutsche Heer durch die Flucht in die Schweiz. Nach dem Ende des Krieges kehrte er zusammen mit Claire Studer am 1. November 1919 nach Paris zurück.
Hier ist es gut: Die Beschreibung seiner Wohnung in der Pension Willy sandte Rilke in fast gleichlautendem Wortlaut auch anderen Briefpartnern, so am 3.8.1919 an Katharina Kippenberg (*BrfwRilke / Kippenberg*, S. 357-358), am 5.8. und 9.9.1919 an Sidonie Nádherny von Borutin (*BrNádherny*, S. 292-293 und S. 296-297) und am 5.8.1919 an Albertine Cassani (*Br-Cassani*, S. 76-80). (s. auch Henry Lüdecke, »Mit Rilke in Soglio. Eine Reminiszenz«. In: *BrNölke*, S. 159 f.).
werden's nicht mal Bücher sein: Während Rilke früher Claire Studer öfters um neue Bücher gebeten hatte, konnte er bei seinem ersten Zürich-Aufenthalt im Juni 1919 Kontakt mit dem aus Paris stammenden Besitzer der französischen Buchhandlung in der Rämistraße, Paul Morisse, aufnehmen. Morisse war eine »auffallende Persönlichkeit. Bei ihm bestellte Rilke seine Bücher, und ihm hat er im Lauf der Jahre in zahlreichen Briefen seine Urteile über moderne französische Schriftsteller und Dichter mitgeteilt«. (*Salis*, S. 32-33).

12. AN RAINER MARIA RILKE · [8.8.1919]; nach: Soglio (Bergell, Graubünden), Pension Willy; Briefumschlag erhalten. Der Brief wurde per Einschreiben (Zürich 1, Nr. 337) gesandt. Poststempel: Zürich 8.VIII.19; Datum aufgrund des Poststempels festgestellt.

Den Buchs: s. Brief 11.
Elisabeth: Elisabeth Bergner; s. Brief 6.
Mein Kind: Dorothea-Elisabeth Studer. 1912 in Leipzig geboren, wurde sie nach der Scheidung ihrer Eltern 1917 nach Zürich gebracht und von Heinrich Studers Eltern erzogen.
Wenn du sie der Insel schickst: Rilke hatte das Manuskript *Gefühle* bereits an Katharina Kippenberg gesandt.
Noch etliche mehr. Davon 4 aus der Mitwelt: Diese Gedichte sind nicht im Rilke-Nachlaß erhalten. Sollten sie nach Rilkes Tod an Claire Goll zurückgegeben worden sein, so können sie nicht mehr einzeln als die hier gemeinten Gedichte definiert werden (s. dazu »5 Gedichte An Rilke geschickt«, Brief 13).
Mitwelt: Claire Studer, *Mitwelt*. Berlin, Verlag *Die Aktion*, 1918.
K.: Anton Kippenberg.
»Malte«: Claire Studer malte über und unter das Wort »Malte« zwei kleine Sterne.
Übersetzung des »Malte«: s. dazu Brief 22. Inga Junghanns übersetzte seit 1916 seinen 1910 im Insel Verlag erschienenen einzigen Roman, *Die Aufzeichnungen des Malte Laurids Brigge* ins Dänische. Claire Studer wußte vermutlich durch Rilkes Besuch bei ihr und Yvan Goll am 23. Juli 1919 in Zürich von seinem Besuch in Sils-Baselgia (s. *BrfwRilke / Kippenberg*, S. 349).
Die »Elegien«: In den Jahren 1912-1922 entstanden die zehn Duineser Elegien. Sie wurden im Oktober 1923 im Insel Verlag veröffentlicht (s. dazu auch Brief 30).

13. AN RAINER MARIA RILKE · [29.8.1919]; nach: Soglio (Bergell, Graubünden), Pension Willy; Briefumschlag erhalten. Der Brief wurde per Einschreiben (Zürich 22, Weinbergstraße, Nr. 423) gesandt. Poststempel: Zürich 29.VIII.19; Datum aufgrund des Poststempels festgestellt.
Montag: 1. September 1919.
Für die letzten fünf Gedichte ... andere: In Claire Golls Nachlaß ist ein Konvolut von fünf, von ihr mit einer metallenen Büroklammer zusammengefügten Gedichten, erhalten. Am oberen rechten Rand des als erstes liegenden Gedichts »Die Zerstörten« von Claire Goll, mit Bleistift geschrieben: »Poèmes envoyés à Rilke«, auf dem gleichen Blatt links oben in Sütterlin-

schrift von Claire Goll, ebenfalls mit Bleistift geschrieben: »5 Gedichte An Rilke geschickt«. Es handelt sich um die Gedichte: »Die Zerstörten«, »Die Schlaflosen«, »Zwölfuhr-Gefühl«, »Die Rechner« und »Dass Vögel sind!«

Die Zerstörten: bisher unveröffentlicht (Original im DLA Marbach). Nicht in *Gefühle*.

Die Schlaflosen: Erstveröffentlichung: *Verkündigung. Anthologie junger Lyrik.* Herausgegeben von Rudolf Kayser. München, Roland-Verlag, 1921, S. 246. (Original im DLA Marbach). Nicht in *Gefühle*.

Zwölfuhr-Gefühl: Textvariante des Gedichts »Zwölfuhr-Gefühl. Elisabeth Bergner in Liebe«. In: *Goll 4*, S. 28. (Original im DLA Marbach). Nicht in *Gefühle*.

Die Rechner: bisher unveröffentlicht (Original im DLA Marbach). Nicht in *Gefühle*.

Dass Vögel sind: Textvarianten in: Claire Goll, *Klage um Ivan*. Wiesbaden, Limes Verlag, 1960, Umschlagrückseite, und in: Claire Goll, *Die Antirose*. Wiesbaden, Limes Verlag, 1967, S. 88. Nicht in *Gefühle*.

In dem Briefkonvolut Rilke – Claire Goll befindet sich ein Original-Briefumschlag mit der handschriftlichen Adresse Claire Golls: »Herrn Rainer Maria Rilke Soglio (Bergell, Graubünden) Pension Willy«. Da der Umschlag keine Briefmarken und keinen Absender trägt, ist er nicht zu datieren. Ein zugehöriger Brief fehlt.

Rilkes Aufenthalt in Soglio endete am 21.9.1919. Von Chur aus fuhr er nach Lausanne, Nyon, Genf und Brissago (Tessin). Am 25.10. kam er nach Zürich zurück. Er blieb bis zum 6.11. und wohnte im Hotel St. Gotthard, Bahnhofstraße 87. Wieder traf er sich mit Albertine Cassani. Die erste Lesung auf Einladung des Lesezirkels Hottingen fand am 27. Oktober im Kleinen Saal der Tonhalle statt. Der Abend war schon vorher ausverkauft. Die Schaufenster aller großen Buchhandlungen in Zürich zeigten seine Bücher. Bei der Lesung trug er Frack und weiße Glacéhandschuhe. Einleitungsvortrag und Lesung dauerten etwas mehr als eine Stunde. Die Zürcher Zeitungen berichteten positiv über den Abend. Rilke schrieb am 3. November 1919 an Gudi Nölke: »Meine Vorlesungen? Ach, wie gehen sie mir widers Gemüth augenblicklich. […] Freilich freut's mich, wenn es gelingt (wie neulich Abend) ein sogar ältliches Gedicht unerwartet groß hinzustellen, aber wenn ich das schon thun soll, wozu sind sechshundert Schweizer dabei und wundern sich?« (*BrNölke*, S. 20-21). Am 1.11.1919 las Rilke im Literarischen Club des Lesezirkels Hottingen im Zunfthaus zur Zimmerleuten am Rathausquai. Das für ihn so wichtige Ereignis wurde weder in seinen, noch in Claire Studers Briefen erwähnt. Im Rückblick schrieb Claire Goll über jene erste Lesung am 27.10. 1919, an der sie teilgenommen haben muß, denn am 1.11.1919 verließen sie und Yvan Goll Zürich in Richtung Paris: »Ich habe ihn 1920 [sic! 1919] in Zürich in der Rolle eines Clowns der Aristokraten gesehen. [...] Er war ein wunderbarer Komödiant, oder wenn man den Ausdruck vorzieht, ein Poseur ersten Ranges, der jede Wirkung, jede Geste im voraus kalkulierte. Er kannte den Zauber seiner Stimme und spielte damit wie ein Virtuose.« (*Goll 3*, S. 100).

14. AN RAINER MARIA RILKE · [31.10.1919]; nach: [Zürich, Hotel St. Gotthard, Bahnhofstraße 87]; kein Briefumschlag erhalten. Vermutlich wurde der Brief mit Birnen als kleines Paket gesandt. Datum aufgrund des Inhalts festgestellt.
Morgen: 1. November 1919.
Allerseelen: 2. November 1919.
Paris: Am 1.11.1921 schrieb Yvan Goll an seine Frau: »1. November: heut vor 2 Jahren kamen wir an. Es war so kalt wie heute. Erinnerst Du Dich: rue Pigalle, Vildrac, Porte Maillot, brrrr. Und es war doch schön.« (*Goll 5*, S. 36). Als einziges Dokument dieser Reise ist ein Brief Golls und Claire Studers an den Schriftsteller Walter Rheiner vom 31. Oktober 1919, »Zug – Zürich – Paris« erhalten, in dem Goll berichtete: »Auf dem Weg nach Paris, als Abschiedsgruss von Schweiz und – Deutschland, erreichte mich Ihr herzlicher Brief. [...] Ich teile Ihre unermessliche Sehnsucht nach Paris – und doch, ein Schrecken fasst mich, denke ich an alles, was man mir darüber berichtet hat. Zudem bin ich von heute ab Franzose – o nur so, meine Seele ist so deutsch, dass kein Paris sie wird ändern können. Und wer weiss, ob ich nicht meiner Seele untreu bin, wenn ich hinfahre, man kann sie mir elend zurichten, vielleicht werde

ich eingezogen.« (Unveröffentlicht. Original im Walter Rheiner-Archiv der Akademie der Künste, Berlin.)

Yvan Goll und Claire Studer wohnten zunächst in einem kleinen Hotel am Montmartre, rue Becquerel; danach zogen sie in das Hotel de Paris, 55, rue Pigalle. Die weiteren Stationen von Rilkes Vortragsreise waren: 7.11.1919 St. Gallen, 12.11. Luzern, 14.11. Basel, 17.11.-26.11. Bern, 28.11. Winterthur. Vom 1.-7.12. war er nochmals in Zürich. Hier feierte er seinen 44. Geburtstag. Vom 7.12.1919 bis Ende Februar 1920 blieb er in Locarno.

15. AN RAINER MARIA RILKE · Dezember [20.12.1919]; nach: Zürich, Hotel Baur au Lac, nachgesandt nach Locarno, Pension Villa Muralto; Briefumschlag erhalten. Der Brief wurde per Einschreiben (Paris 90, Nr. 305) gesandt; Poststempel: Paris 20.12.19; Datum aufgrund des Poststempels festgestellt.

Campagne Première: Rue Campagne Première im 14. Arrondissement von Paris. Rilke hatte im Haus Nr. 17 vom 2.5.-31.8.1908 das Atelier der Malerin Mathilde Vollmoeller, der späteren Frau des Malers Hans Purrmann, bewohnt. Danach erhielt er ein eigenes Atelier im gleichen Haus: Er bewohnte es vom 27.2.1912 bis Anfang 1913, vom 20.10.1913 bis 25.2.1914 und vom Anfang April 1914 bis 22.4.1914. Sein Atelier lag über dem Mathilde Vollmoellers (s. dazu *BrfwRilke / Vollmoeller*).

Malte: Malte Laurids Brigge. Als Rilke an den *Aufzeichnungen des Malte Laurids Brigge* arbeitete, wohnte er im Haus 17, rue Campagne Première.

Bazalgette: Léon Bazalgette, Biograph und Übersetzer von Walt Whitman; Rilke kannte ihn aus Paris.

Vildrac: Charles Vildrac (s. Brief 8 und Rilkes Briefe vom 29.3.1920 und 13.12.1920 an Vildrac in *Coll / Lettres*, S. 34, 35-36 und 37-39).

In dem Briefkonvolut Rilke – Claire Goll befindet sich ein Original-Briefumschlag mit der handschriftlichen Adresse Claire Golls: »Mr. Rainer Maria Rilke, München, Ainmillerstraße 34«. Als Absender ist handschriftlich von Claire Goll angegeben: Claire Studer, 55, Rue Pigalle [Paris]. Poststempel: 3.2.20. Der Umschlag trägt den gestempelten Vermerk: »Auf

Grund der Verordnung vom 15. November 1918 (Reichsgesetzblatt S. 1324) geöffnet.« Er ist am linken Rand aufgeschnitten. Der zugehörige Brief fehlt.

16. AN RAINER MARIA RILKE · 16. April [19]20; nach: Leipzig, Insel Verlag (Prof. Kippenberg), zu Händen von Rainer Maria Rilke, Kurzestraße 7; nachgesandt nach: Gut Schönenberg b. / Pratteln, Baselland; Briefumschlag erhalten.
Vom 3.3.-17.5.1920 lebte Rilke auf Gut Schönenberg bei Pratteln, dem Besitz von Hélène Burckhardt-Schazmann. Eingeladen worden war er von deren Tochter, Theodora von der Mühll, der Schwester Carl J. Burckhardts.
Zwei mal aus Paris: am 20.12.1919 und am 3.2.1920.
Goll schrieb in einer ... neuen Revue: Ivan Goll, »Lettres Allemandes: L' Expressionisme«. In: *Action.* Cahiers de Philosophie et d'Art. (Paris, Nr. 2, März 1920), S. 57-62. Über Rilke schrieb Goll: »Le pur artiste de l'avant-expressionisme était Rainer Maria Rilke, un Viennois, tout plein de la nostalgie de la France. Il a vécu plus de dix ans à Paris, comme secrétaire de Rodin, et en a rapporté son seul roman: ›Malte Laurids Brigge‹, qui fait date dans la littérature allemande. Un être qui vibre et qui souffre, un homme qui cherche la vérité non dans les choses, mais derrière les choses.«
Im Luxembourg: Jardin du Luxembourg.
Der »weisse Elefant«: Rilkes Gedicht, »Das Karussell. Jardin du Luxembourg«, entstanden im Juni 1906, aufgenommen in den Zyklus *Neue Gedichte* (*SW I-VI*, Band I, S. 530-531).
viel Übersetzungen: s. dazu Iwan Goll und Claire Goll-Studer, *Das Herz Frankreichs. Eine Anthologie französischer Freiheitslyrik.* München, Georg Müller Verlag, 1920. Claire Studer veröffentlichte zahlreiche Gedichte in der Zeitschrift *Action.*
Neue Rundschau: Claire Goll, »Junge amerikanische Dichtung«. In: *Die neue Rundschau* 31 (1920), S. 707-714. Im S. Fischer Verlag, Berlin, erschien 1921: *Anthologie jüngster amerikanischer Lyrik,* herausgegeben und übersetzt von Claire Goll.

17. AN RAINER MARIA RILKE · 20. April [19]20; nach: Leipzig, Insel Verlag (Prof. Kippenberg), zu Händen von Rainer Maria Rilke, Kurzestraße 7; nachgesandt nach Gut Schönenberg b. / Pratteln, Baselland; Briefumschlag erhalten.
Deine Münchner Wohnung: Ainmillerstraße 34. Rilke hatte seine Wohnung nach seiner Abreise am 11.6.1919 zunächst Lou Andreas-Salomé zur Verfügung gestellt. Ab Juli 1919 vermietete er sie an Franz Schönberner und dessen Frau, einem entfernten Neffen von Lou Andreas-Salomé. Als im Mai 1920 die Beschlagnahmung der Wohnung drohte, stellte Rilke sie dem Schriftsteller Dr. Hans Feist zur Verfügung.
Marie Laurencin: französische Malerin, lebte in Paris. Im Dezember 1919 war sie durch Zürich gereist und hatte Rilke getroffen (s. dazu: *BrNölke*, S. 36-38).
Bettina: Bettina von Arnim.

18. AN CLAIRE GOLL-STUDER · ce 2 mai 1920; nach: Paris IX, 55, rue Pigalle; Briefumschlag erhalten.
Hier nennt Rilke Claire Studer zum ersten Mal »Madame Claire Goll-Studer«. Yvan Goll und Claire Studer heirateten erst am 21. Juli 1921 in Paris.
Der Brief ist in französischer Sprache verfaßt. Die Anmerkungen beziehen sich auf die deutsche Übersetzung.
Aufenthalt in der Schweiz: Rilkes Aufenthaltsbewilligung war bis 31.12.1919 befristet, wurde aber dank einflußreicher Freunde verlängert. 1920 wurde für ihn wieder ein Reisejahr mit den Stationen Venedig, Schönenberg, Zürich, Genf, Bern, Bad Ragaz und Meilen am Zürichsee. Im Oktober besuchte er zum ersten Mal das Valais und Sion. Kurzentschlossen reiste er am 23.10. (bis 29.10.1920) nach Paris.
Vom 12.11.1920 bis zum 10.5.1921 lebte er in Schloß Berg am Irchel.
Tschechoslowakischer Paß: Rilkes für ein Jahr ausgestellter deutsch-österreichischer Paß verlor am 17. Mai 1920 seine Gültigkeit. Er beantragte am Tschechischen Konsulat in Bern einen neuen und erhielt am 12.5.1920 einen tschechoslowakischen Paß. Da er in Prag geboren war, mußte er aufgrund des Friedensvertrages von St. Germain vom 10.9.1919, der die Auflösung

des alten Österreich-Ungarn und die Anerkennung des selbständigen Staates Tschechslowakei festlegte, die tschechoslowakische Staatsbürgerschaft annehmen.
Rückkehr nach Paris: 23.-29. Oktober 1920.
Das Schicksal meiner Wohnung in München: s. Brief 17.

19. AN RAINER MARIA RILKE · Am 5. Mai [19]20; nach: Schoenenberg bei Pratteln, Baselland; Claire Studer schreibt als Absender: »C.-L. Goll«; Briefumschlag erhalten.
M. Laurencin: s. Brief 17. Am 13.1.1920 schrieb Rilke an Gudi Nölke über sie: »... eine Pariser Malerin von eigenthümlicher Begabung [...], ich kannte sie in Paris nicht, aber ihre Zeichnungen und Bilder [...] waren mir immer ganz und gar beglückend, – noch während des Krieges, wenn so ein Blatt im münchner Kunsthandel auftauchte, duftete mir eine Seite des pariser Gefühls so unmittelbar daraus entgegen, daß ich jedesmal von Erinnerung und süßem Heimweh überwältigt war. [...] es war eine der lieben Fügungen meiner schweizer Zeit, daß ich der Bewunderten dort begegnen durfte. Und nun schreiben wir einander ab und zu, das unentbehrliche Paris verbindet uns –.« (*BrNölke*, S. 36, 37).
Gide: André Gide, französischer Schriftsteller. Direktor der Zeitschrift *Nouvelle Revue Française*. Rilke hatte ihn 1910 in Paris kennengelernt. Im Mai 1914 war seine Übertragung von Gides *Die Rückkehr des verlorenen Sohnes* (*L'Enfant Prodigue*) als Nr. 143 der Insel-Bücherei in Leipzig erschienen. Er sah Gide im Oktober 1920 in Paris wieder.
Als Rilke am 19.7.1914 Paris verlassen hatte, war ihm nicht klar gewesen, daß er seine Wohnung im Hause 17, rue Campagne Première mit seinem gesamten Besitz nicht mehr wiedersehen oder zurückerhalten würde. Jahrelang wußte er nichts über den Verbleib seiner Habe. Ende 1915 liefen erste Maßnahmen von Rilkes Freunden an, seinen Besitz zu retten. 1916 erfuhr er von Rollands Bemühungen darum. Gides Freund Jacques Copeau war es gelungen, in Rilkes Wohnung zu gelangen. Gide schrieb darüber an Romain Rolland: »... tout a été vendu, ... dit la concierge – une excellente femme qui pleurait en nous racontant ceci et qui est parvenu à mettre à l'abri dans les

malles les lettres et les manuscrits, tous les papiers, semble-t-il, qui n'étaient pas ›de vente‹. Ces malles sont, pour l'instant, dans un atelier ou un hangar non loué ...« (Brief vom 11.1. 1916. Zitiert nach *Schnack*, S. 526). Die besagten Koffer wurden sequestriert, und erst 1921 gelang es Gide, sie in den Räumen der *Nouvelle Revue Française* unterstellen zu lassen. Dort erhielt Rilke sie 1925 zurück. Bücher und Möbel waren ohne sein oder der Pariser Freunde Wissen für insgesamt 538 Francs verkauft worden.

im Hotel: Hôtel de Paris, 55, rue Pigalle, Paris IX.

Einen deutsch-schweizerischen Verlag: Goll wurde 1921 Vertreter des Rhein Verlags, Basel, für Paris (s. dazu: Hermann Broch / Daniel Brody, *Briefwechsel 1930-1951*. Frankfurt am Main, Buchhändler-Vereinigung, 1971).

Millionär Mayer: Bernhard Mayer, deutscher Kaufmann, der sich in Ascona niederließ. Zu seinen Freunden gehörten Politiker, Schriftsteller und Maler. Für viele von ihnen wurde Mayer sowohl im Ersten als auch im Zweiten Weltkrieg zum Retter aus materieller Not. (s. Bernhard Mayer, *Interessante Zeitgenossen. Lebenserinnerungen eines jüdischen Kaufmanns und Weltbürgers*. Wien / Konstanz, 1998). Rilke hatte nie Kontakt zu Mayer.

Rubiner: Ludwig Rubiner, Schriftsteller, Pazifist. Er und seine Frau waren von 1917-1919 in Zürich Nachbarn der Golls in der Hadlaubstraße. Sein wichtigstes Werk: *Kameraden der Menschheit* (Gustav Kiepenheuer Verlag, Potsdam, 1919).

Frank: Leonhard Frank, Schriftsteller. Ging 1913 als Pazifist in die Schweiz. 1920 Kleistpreis für seinen Novellenband von 1917, *Der Mensch ist gut*.

Werefkin: Marianne von Werefkin, russische Malerin. Während des Ersten Weltkriegs lebte sie mit Alexej Jawlensky in der Schweiz. (s. dazu: Bernd Fäthke, *Marianne Werefkin*. München, 1988, und *Weidle*).

Jawlensky: Alexej Jawlensky, russischer Maler. (Zu Jawlensky und Werefkin; s. *Goll 3*, S. 70).

André Germain: französischer Kritiker, Herausgeber der Zeitschrift *La Revue Européenne*.

Paßschwierigkeiten keine mehr: Claire Studer und Yvan Goll besaßen deutsche Pässe.

»Ecrits Nouveaux« / Budry: französische Zeitschrift, 1917 von André Germain gegründet, von Paul Budry übernommen.
Einen Verlag: Rhein Verlag, Basel / Leipzig (s. Anmerkung Brief 19, *einen deutsch-schweizerischen Verlag*).
Jammes neuer Roman: Dichter Ländlich (Le Poète Rustique). Basel, Rhein Verlag [1920]. »Berechtigte Übersetzung von Claire Goll«.
Einen neuen Barbusse: Der Schimmer im Abgrund (La lueur dans l'abîme). Ein Manifest an alle Denkenden. Deutsche Ausgabe von Iwan Goll. Basel [1920].
Buch der Bilder: Rainer Maria Rilke, *Das Buch der Bilder* (Übernommen aus dem Axel Juncker Verlag, Berlin).
Stundenbuch: Rainer Maria Rilke, *Das Stunden-Buch, enthaltend die drei Bücher: Vom mönchischen Leben. Von der Pilgerschaft. Von der Armuth und vom Tode.* 1905.
Deine Rose: Claire Goll hatte bis zu ihrem Tod in ihrem Schlafzimmer neben Rilkes Ikone auch eine Rose von Rilke und die letzte Rose, die Yvan Goll ihr geschenkt hatte, aufbewahrt.
Bis zum großen Rad: Riesenrad am Eiffelturm.

20. AN CLAIRE-L. GOLL-STUDER · Am 7. May [1920]; nach: Paris IX, 55, rue Pigalle; Briefumschlag erhalten; Poststempel: Pratteln 8.V.20; Datum aufgrund des Poststempels festgestellt.
Euch dort halten und befestigen könnt: Claire Goll schrieb im Rückblick von ihren ersten Monaten in Paris: »Es war die glücklichste Zeit meines Lebens.« (*Goll 3*, S. 106; s. dazu S. 106-130).
Rue de Seine: im 6. Arrondissement von Paris.
Fontaine de Médicis: Der Brunnen befindet sich im Jardin du Luxembourg, an der Ostseite des Palais de Médicis.
Mäcene: s. Brief 19: Bernhard Mayer und André Germain.
Paul Budry: Es ist nicht klar, ob Claire Goll mit Paul Budry ihren und Yvan Golls Pariser Verleger Jean Budry meint. Richard von Mises gibt in seinen Anmerkungen zu *BrGoll 1*, S. 35, an: »Paul Budry, Pariser Verleger; bei ihm erschien: Claire et Yvan Goll, *Poèmes d'Amour* (1925), *Poèmes de Jalousie* (1926), *Poèmes de la Vie et de la Mort* (1927).«
Übertragungen André Gides: Die Aufzeichnungen des Malte Laurids Brigge waren 1910 im Insel Verlag erschienen. Am

6.10.1910 sandte Rilke ein Exemplar an Gide. Die Zeitschrift *La Nouvelle Revue Française*, 3 (1911), Heft 31, veröffentlichte in der Übersetzung von André Gide *Les Cahiers de Malte Laurids Brigge (Fragments)*. Gide übersetzte danach weitere Textabschnitte, gedacht als Proben für eine spätere Gesamtübersetzung. Rilke schätzte diese Übertragungen in ihrer Qualität und Genauigkeit hoch ein. Am 6.7.1911 dankte er Gide: » Je suis tout ému de cette transposition inspiré qui me rend deux fragments principaux de mon livre, pour ainsi dire, plus définitifs que je ne les ai rêvés: car votre réalisation précise n'est-elle pas une preuve toute convaincante de leur solide et durable réalité?« (André Gide, *Correspondance 1909-1926*. 1952, S. 62. Zitiert nach *Storck 1*, S. 150; s. dazu auch Brief 19).
Le Poète Rustique: s. Brief 19.

21. AN RAINER MARIA RILKE · [12.5.1920]; nach: Schoenenberg b. / Pratteln, Basel (Suisse); Briefumschlag erhalten; Poststempel: Paris 12.V.20; Datum aufgrund des Poststempels festgestellt.
Rilke um Entschuldigung. An Rainer: Claire Studer unterscheidet hier deutlich zwischen *Rilke*, dem Dichter, und *Rainer*, dem Menschen, Freund und Geliebten. Der Brief besteht aus ½ Blatt; das wurde in der Mitte, unterhalb einer handschriftlichen Zeile von Claire Studer, durchgeschnitten. Der noch erhaltene Text steht im oberen Teil der unteren Blatthälfte. Da das halbe Blatt mit Umschlag in dieser Form in das DLA Marbach gelangte, muß davon ausgegangen werden, daß entweder Rilke es bei Erhalt des Briefes oder Claire Goll es nach Rückerhalt der Korrespondenz 1931 abgeschnitten haben. Der Briefumschlag, der sich von seiner Ankunft am 14.5.1920 bis zu Rilkes Tod in dessen Besitz befand, ist an einer der Querseiten von Hand aufgerissen worden, während alle anderen erhaltenen, zu Claire Golls Briefen gehörigen Umschläge am oberen Rand sauber aufgeschnitten sind. Da Claire Golls Briefe von Rilke persönlich im November 1926 auf Muzot, kurz vor seiner letzten Reise ins Sanatorium Val-Mont, verpackt und verschnürt wurden, kann eine nachträgliche Beschädigung dieses Blattes während der Aufbewahrung im Insel Verlag ausgeschlossen werden. Der handschriftliche Vermerk Claire Golls auf der Rückseite dieses

Umschlags ist vermutlich angebracht worden, nachdem Anton Kippenberg ihr das gesamte Briefkonvolut 1931 aus Leipzig zurückgesandt hatte. Er lautet: »Betr. Meine Abtreibung von Rilke's Kind.« Die Handschrift ist kräftig und deutlich im Vergleich zu Claire Golls Schrift der späten Jahre. Der Vermerk müßte also bald nach 1931 angebracht worden sein.

Erst als 1978 Claire Golls Erinnerungen *Ich verzeihe keinem* auf deutsch erschienen, wurde dieser Aspekt ihres Lebens bekannt. Ihr Rilke verklärendes Vorwort »Rilke und die Frauen« zu dem vom Limes Verlag 1952 geplanten Buch *Briefe an Liliane* (s. *BrGoll 2*) war unbekannt, denn der Band wurde zwar gedruckt, aber nicht ausgeliefert. 1949 war im Verlag J. Lehmann, London, die Biographie *Rilke Man and Poet* von Nora Wydenbruck-Purtscher erschienen, die 1954 im Verlag Appleton-Century-Crofts, Inc. in New York textidentisch nachgedruckt wurde. Während ihres zweiten USA-Aufenthaltes lernte Claire Goll 1956 die Autorin der Rilke-Biographie, eine Nichte der Fürstin Marie von Thurn und Taxis, in New York kennen. Diese hatte in ihrem Buch offen von Rilkes Liebesverhältnis zu Claire Studer berichtet (s. *Wydenbruck*, S. 282, 287, 297, 342).

Auf dieses Buch und seine Enthüllungen nimmt ein unveröffentlichter Brief Claire Golls vom 13. Februar 1969 an Jenny de Margerie Bezug, die Schwiegertochter Pierre de Margeries, von 1922-1931 Botschafter Frankreichs in Berlin. Claire Goll war bis ins hohe Alter mit ihr befreundet (s. auch *Goll 5*, S. 283). Der Brief lautet: »Liebe Jenny, [...] Wenn ich trotz ungeheurer Arbeit [...] die Zeit nehme Sie über das Ereignis das Sie so sehr gegen mich erbittert, aufzuklären, so tue ich das weil mir viel an Ihrer Freundschaft liegt. [...] 30 Jahre lang haben Yvan und ich meine Bindung zu Rilke als ein Geheimnis bewahrt. Niemand wusste etwas von der ›affaire‹. Aber als ich nach Yvans Tod auf Einladung verschiedener Universitäten der Staaten nach New York fuhr, empfingen mich zahlreiche sogenannte Freunde mit den Worten: ›Haben Sie das Buch gelesen‹? [...] Ich kaufte sofort das Buch. Und was finde ich darin: ganze Seiten mit Enthüllungen und Indiskretionen aller Art [...], dass Rilke 1920 nach Paris kam: ›Doubtless ›Liliane‹, who had now married Yvan Goll and settled down there, facilitated matters for him‹, was man auslegen konnte als hätte ich mit Rilke, auch nach meiner

Heirat mit Goll, intime Beziehungen gehabt. Da ich Goll im Juli 1921 in Paris heiratete, konnte ich diese Verleumdung nicht dulden. [...] Als ich damals das Kind erwartete, zwangen mich die beiden Dichter, es zu beseitigen. Sie kamen auch gemeinsam darüber ein, alle Briefe die ›affaire‹ betreffend, zu vernichten. Rilke und Goll, die beiden Menschen, nicht die Künstler, standen sich meinetwegen ziemlich feindlich gegenüber. Besonders Yvan war sehr erbittert. Denn ich war doch seit 1917 seine Geliebte und da ich weder Heirat noch Kinder wünschte, tat er alles um diese meine Wünsche zu erfüllen. [...] Da in Deutschland die unwahrscheinlichsten Gerüchte über Rilke und mich in Umlauf waren, entschloss ich mich, Georges Cattaui zu erlauben die Wahrheit in dem Band *Claire Goll* [s. *Cattaui*] zu veröffentlichen. [...] Nun hoffe ich, liebe Jenny, dass Sie in Zukunft gerechter mir gegenüber sein werden. [...] Ich bin ein trauriger, um nicht zu sagen verzweifelter Mensch, und wenn ich seit 20 Jahren als Sekretärin eines Toten, täglich acht Stunden arbeite und erreicht habe, dass Yvan in zehn Sprachen übersetzt ist, so tue ich das nicht nur aus Liebe zu ihm, sondern auch aus Reue: weil ich mir nie den Schmerz verzeihen kann den ich ihm mit Rilke angetan habe.« (Unveröffentlicht. Zitiert nach der Kopie im Yvan und Claire Goll-Archiv der Bibliothèque Municipale de Saint-Dié-des-Vosges; s. auch *Cattaui*, S. 14-15, 16).

Schließlich berichtete Claire Goll in *Ich verzeihe keinem* ausführlich selbst darüber (*Goll 3*, S. 98-99). Noch einmal kam sie anläßlich ihres Berichts von Rilkes Zürcher Lesung am 27. Oktober 1919 auf ihre Beziehung zu ihm zurück: »Übrigens haben sich bei Gelegenheit dieser Dichterlesung unsere Wege noch einmal gekreuzt, und wir haben uns wieder geliebt.« (*Ibid.*, S. 100). Einige Literaturwissenschaftler haben seitdem versucht, »Klarheit« zu erlangen, ob überhaupt, und wenn, dann wann dieses Ereignis stattgefunden haben könnte, so Bernhard Blumenthal 1982 (s. *Blumenthal*, S. 172), Donald Prater 1988 (s. *Prater*, S. 491, 492, 493) und Helmut Baumann 1992 in den *Blättern der Rilke-Gesellschaft* (*Baumann*, S. 199).

Dieses Erlebnis ist Claire Golls Geheimnis geblieben, und auch die Literaturwissenschaft hat es bis heute nicht aufzudecken vermocht. Und doch gibt es einige deutliche Spuren, objektive und subjektive. Zu den subjektiven gehört, daß die wenigen

Menschen, mit denen Claire Goll über dieses Geheimnis sprach, einen Ausdruck großen Glücks, auch noch im hohen Alter, in ihren Augen lesen konnten. Ja, bisweilen kokettierte sie beim Erzählen damit, als sei sie stolz, die einzige wirkliche Geliebte Rilkes gewesen zu sein.
Viele objektive Spuren wurden von ihr verwischt: Es gibt keine Briefe über dieses Ereignis. In ihrem Bericht über Rilkes Zürcher Lesung setzt Claire Goll statt des Jahres 1919 das Jahr 1920 ein. In ihrem Nachlaß im DLA Marbach befindet sich eine große Anzahl handschriftlicher oder von ihr getippter Bio-Bibliographien ihrer Werke. In eines dieser Blätter tippte sie: »1920. Neue Begegnung Claire's mit Rilke in Paris. Komplikationen.« Die nächste Zeile lautet: »1921. Yvan und Claire Goll heiraten in Paris.« Zu den objektiven Spuren gehört auch ihre Bemerkung auf dem Briefumschlag zu ihrem Brief an Rilke vom 12.5.1920. Dafür gibt es zwei Erklärungen: Entweder legte Claire Goll hier bewußt eine falsche Spur, um Diskussionen über den Zeitpunkt zu verhindern. Oder sie und Rilke haben sich zwischen Ende Oktober 1919 [Zürich] und dem 12.5.1920 [Brief 21] nochmals getroffen. Da Rilkes Biographie heute fast lückenlos vorliegt (s. *Schnack*), Claire Golls Lebens- und Aufenthaltsorte gerade aus dieser Zeit – erst 1921 beginnt wieder die Korrespondenz zwischen ihr und Goll – sehr lückenhaft erhalten sind, kann durchaus angenommen werden, daß Claire Goll in der fraglichen Zeit noch einmal in die Schweiz reiste.
Die einzige nachweisbare Zeit im Jahre 1920, während der Claire Goll und Rilke sich am gleichen Ort aufhielten, ist die Zeit vom 23.10.-29.10.1920, als Rilke Paris besuchte. Es sind keine Zeugnisse eines Wiedersehens in Paris erhalten. Über gemeinsame Freunde wie Gide, Valéry, Baladine Klossowska und die Cembalistin Wanda Landowska konnte Claire Goll leicht von seinem Aufenthalt in Paris erfahren haben. Am 29.10.1920 feierte sie, die immer noch Claire Studer hieß, ihren 30. Geburtstag. Da alle Zeugnisse über ihre Schwangerschaft von Rilke und den Golls vernichtet wurden, läßt sich ein Zusammentreffen während Rilkes Parisaufenthalt nicht beweisen. Daß Claire Goll dennoch die Wahrheit gesagt hatte, beweist ihr Brief an Rilkes Tochter Ruth vom 11.12.1952, in dem es heißt: »… warum nur haben Sie mir nicht frueher geschrieben! Warum sind wir einan-

der nie naeher gekommen, wie es doch eigentlich logischerweise haette sein muessen. Ich wollte, ich wuerde Sie eines Tages sehen und etwas von dem herrlichen Gesicht Ihres Vaters in Ihren Zuegen wiederfinden. Vielleicht wuerde ich ihn dann in Ihnen wiederschauen und dann koennte ich zu Ihnen sprechen und Ihnen das umwaelzendste Erlebnis meines Lebens anvertrauen, das ich, bis jetzt, mitsamt den es betreffenden Briefen, immer geheimgehalten habe, weniger um Rilke's, als um meines Mannes willen.« (aus: New York, Masterhotel, 310 Riverside Drive, nach Bremen. Unveröffentlicht. Original im DLA Marbach).

Ein wichtiger Zeitzeuge, Dr. Albert Ronsin, Präsident der Fondation Yvan et Claire Goll, Saint-Dié-des-Vosges, schreibt zu der Frage nach der Beziehung zwischen Claire Goll und Rilke: »Est-elle devenue enceinte au cours de leur liaison à Munich? Plus tard à Paris? Le plus vraisemblable – *si cela est* – c'est Munich. Il y a un poème de Rilke qui pourrait être interpreté en faveur de cette version: »Ah moi à mon Tour« [s. dazu Brief 25]. Mais le poème, très bien tourné, témoigne de leur intimité mais pas du fait que Claire soit tombée enceinte ... Si tel est le cas, elle se serait fait avorter dès son retour en Suisse auprès d'Yvan à Ascona ou Zürich. Elle a toujours dit que s'était fait avec l'accord des deux hommes. Quant à l'hypothèse de Paris, elle pourrait se trouver dans le fait que Claire dit qu'elle retrouve Rilke dans son hôtel et même chez elle; dans ce cas Yvan s'arrange pour être absent. Il semble qu'Yvan ultérieurement aurait désiré avoir un enfant de Claire. Celle-ci a fait des cures à Plombières et à Luxeuil, stations fréquentées par les femmes qui voulaient avoir un enfant. Or Claire avait déjà Doralies. L'avortement tel qu'il était pratique à cette époque rendait souvent les femmes stériles: c'était même le moindre mal, compte-tenu de toutes celles qui en mouraient ou restaient estropiées ou malades.« (Brief an Barbara Glauert-Hesse vom 23.1.2000).

Zwischen dem 7.5.1920 und dem 11.4.1923 sind keine Briefe von Rilke erhalten.

22. AN RAINER MARIA RILKE · am 11. Juli [19]20; nach: München, Ainmillerstraße 34. [vermutlich nachgesandt nach Schoenenberg bei Pratteln]; Briefumschlag erhalten. Der Brief wurde per

Einschreiben (Sèvres, Nr. 205) gesandt. Er trägt keine Nachsendeadresse, dafür auf seiner Rückseite den Vermerk: »Aufgrund der Verordnung vom 15. November 1918 (Reichsgesetzblatt S. 1324) geöffnet.«
die Aprilverstimmung: Claire Goll nimmt hier Bezug auf ihren Brief vom 12.5.1920. Auf diesen Brief hin folgte ein dreijähriges Schweigen Rilkes. Sie begründete in ihren Erinnerungen diese Verstimmung mit Rilkes Empfindlichkeit, da Goll ihn in seinem Artikel (s. Brief 16) als Rodins Sekretär bezeichnet hatte. Am 26.2.1924 schrieb Rilke an Alfred Schaer, Privatdozent der Universität Zürich: »Daß ich Rodins Sekretär gewesen sei, ist nicht viel mehr als eine hartnäckige Legende, erwachsen aus dem Umstande, daß ich ihm einmal, vorübergehend, während fünf Monaten (!), in seiner Korrespondenz behilflich war ...« (*Luck*, S. 139).
Wieder in München: s. Briefumschlag.
Nach Japan oder New York: Solche Reisen fanden nicht statt.
Deine herrlichen Elegien: s. Brief 12.
Das Jahr 1921 brachte für Rilke die seit langem ersehnte Ruhe. Noch vor seiner Parisreise hatte er Anfang Oktober zusammen mit Baladine Klossowska zum ersten Mal das Wallis, die Stadt Sierre, besucht. Auf einer erneuten Reise ins Wallis fuhr er mit Baladine Klossowska am 28. Juni 1921 nach Sierre und suchte weiter nach einer dauernden Bleibe: Er fand sie, als er den Turm von Muzot entdeckte. Durch Vermittlung von Nanny Wunderly-Volkart mietete ihr Vetter, Dr. Werner Reinhart, das Château de Muzot, so daß Rilke – zunächst zusammen mit Baladine Klossowska – am 26.7.1921 dort einziehen konnte. Im Mai 1922 kaufte Werner Reinhart Muzot. Es diente Rilke bis zu seinem Tod als Wohnsitz.
Nach ihrer Heirat am 21. Juli 1921 zogen Claire und Yvan Goll von der rue Pigalle in den Stadtteil Auteuil, zunächst nach 27, rue Jasmin, 1927 nach 19, rue Raffet. Die Jahre bis 1925 waren von großen literarischen Erfolgen geprägt. 1922 wurde Claire Golls Gedichtband *Lyrische Films* veröffentlicht. Yvan Goll brachte 1920 das *Archipenko-Album* (Potsdam, Gustav Kiepenheuer) und 1921 das Gedichtalbum *Paris Brennt* (Zagreb, Verlag Zenith) heraus; 1922 folgte das Drama *Methusalem oder Der ewige Bürger*, 1923 *Le Nouvel Orphée* (Paris, Editions de la

Sirène). Beide schrieben darüber hinaus für deutsche und französische Zeitschriften und nahmen aktiv am kulturellen und gesellschaftlichen Leben in Paris teil.

Die seit 1920 abgerissene Verbindung zu Rilke wurde 1923 von Claire Goll wieder aufgenommen.

23. AN RAINER MARIA RILKE · Mi-Carême [8.3.1923]; nach: Château de Muzot s / Sierre (Valais) Suisse; Briefumschlag erhalten. Der Brief wurde per Einschreiben (Paris 53, Nr. 181) gesandt. Datum aufgrund des Feiertags »Mi-Carême« festgestellt.
Mi-Carême: Mi-Carême liegt fest auf dem Donnerstag der dritten Fastenwoche jeden Jahres. Der Tag wurde laut »Robert« 1251 zum ersten Mal erwähnt und zum Feiertag erklärt, der mit Maskeraden und anderen Lustbarkeiten gefeiert wird.
die Tuilerien: Park im 1. Arrondissement von Paris, zwischen Place de la Concorde und Palais du Louvre.
Kiepenheuer: der Verlag Gustav Kiepenheuer, Potsdam, in dem Yvan Goll mehrere Werke veröffentlichte.
Maurice Betz: französischer Romancier. Er übersetzte die wichtigsten Werke Rilkes ins Französische: *Histoires du bon Dieu (Geschichten vom lieben Gott)*, Paris, Emile-Paul, 1927. *Contes de Bohème (Zwei Prager Geschichten)*, Paris, Emile-Paul, 1939. *Journal florentin (Das Florenzer Tagebuch)*, Paris, Emile-Paul, 1946, und *Chant de l'amour et de la mort du cornette Christoph Rilke (Die Weise von Liebe und Tod des Cornets Christoph Rilke)*, Paris, Emile-Paul, 1940.
Für Stock: Verlag und Buchhandlung in Paris. Maurice Betz übertrug zunächst Teile, dann den ganzen deutschen Text der *Aufzeichnungen des Malte Laurids Brigge: Les Cahiers de Malte Laurids Brigge.* Notice et traduction. Paris 1923. *Les Cahiers de Malte Laurids Brigge.* Paris 1926.
Budry: s. Briefe 19 und 20.
Freund und Jünger Gide's: der Verleger Albert Kra, dessen Frau Suzanne Kra Hölderlins *Hyperion* übersetzt hatte.
Gide, »Malte«: s. Brief 20.
Cornet: Suzanne Kra übersetzte *Die Weise von Liebe und Tod des Cornets Christoph Rilke (La chanson d'amour et de mort de cornette Christoph Rilke).* – Paris 1927.

Ein Büchlein von mir: Claire Goll, *Lyrische Films.*
Erinnerungen an Romain Rolland: Claire Studer hatte Romain Rolland 1917 im Schloß von Sierre besucht, in dem auch Pierre-Jean Jouve lebte (s. dazu *Goll 3*, S. 34-36).
Ins Dschungel Afrikas: Eine solche Reise fand nicht statt.
Einen »Panther«: Anspielung auf Rilkes Gedicht »Der Panther«, geschrieben 1903, zuerst veröffentlicht 1903, aufgenommen in den Zyklus *Neue Gedichte*, erschienen 1907 im Insel Verlag. 1922 veröffentlichte Claire Goll in der Zeitschrift *Revue Rhénane / Rheinische Blätter* (Strasbourg / Mainz) ihren Aufsatz »Rainer Maria Rilke« (2. Jahrgang, Nr. 7, April 1922, S. 264-266), der auch ihre französische Übersetzung seines Gedichts »Der Panther« enthielt (S. 264).

24. AN CLAIRE GOLL · am 11. April 1923; nach: 27, rue Jasmin, Paris XVI; Briefumschlag erhalten. Der Brief wurde per Einschreiben (Sierre, Nr. 438) gesandt. Auf die Rückseite des Briefumschlags malte Claire Goll einen kleinen Stern. Der Brief wurde veröffentlicht in: *Briefe I/II*, S. 824-826.
Eine bestimmte Auslegung von Absichtlichkeit: Hier bezieht sich Rilke vermutlich auf Claire Studers Schwangerschaft.
meine beiden Bücher: Die Sonette an Orpheus. Geschrieben als ein Grab-Mal für Wera Ouckama-Knoop. Leipzig 1923. Das Buch erschien im März 1923. *Duineser Elegien.* Leipzig 1923. Das Buch erschien im Juni 1923.
Deine Bücher: Claire Goll, *Lyrische Films,* und *Die neue Welt. Eine Anthologie jüngster amerikanischer Lyrik.*
Iwan Goll ... ein seiniges: Yvan Goll, *Le Nouvel Orphée.*
Unerwidert: im Brieforiginal: »unerwiedert«.
Meinen alten Turm: Muzot.

25. AN RAINER MARIA RILKE · Am 1. Mai 1923 [richtig: 30.4.1923]; nach: Château de Muzot sur / Sierre Valais (Suisse); Briefumschlag erhalten. Der Brief wurde per Einschreiben (Paris 53, Nr. 298) gesandt; Poststempel: Paris 30.4.23, Sierre 1.V.23. Auf der Rückseite von Blatt 1 steht handschriftlich von Rilke: »27, rue Jasmin Paris XVI« und, ebenfalls handschriftlich, sein Gedicht »Ah moi à mon Tour« .

In seinen Anmerkungen zu der Erstausgabe der Briefe Rilkes an Claire Goll (s. *BrGoll 1*, S. 33) schreibt Richard von Mises 1944 dazu: »Als der Dichter starb, fanden sich die Briefe Lilianens an ihn in einem Paeckchen sorgfaeltig geordnet und auf der Rueckseite des einen standen die franzoesischen Verse [Ah, moi à mon Tour ...].«

Unter dem Titel »Un poème de Rilke à Liliane« schrieb Claire Goll 1952 über dieses Gedicht: »Selon le désir de Rilke, son exécutrice testamentaire [Nanny Wunderly-Volkart] avait été chargée, après la mort du poète, de renvoyer à ses correspondantes les lettres qu'elles lui avaient adressées. Chaque paquet était, par les soins de Rilke lui-même, enveloppé d'un papier de soie, entouré d'une faveur et étiqueté. En ouvrant le mien, j'ai trouvé ces vers de Rilke, comme une pensée d'outre-tombe. La dernière phrase de ma lettre faisait allusion à la tour du château de Muzot. Il avait enchaîné et s'était servi de cette tour pour commencer son poème par un jeu de mots.« (*Coll / Lettres*, S. 68).

Zu ihrer deutschen Interlinear-Übersetzung des Gedichts schreibt Barbara Wiedemann: »Rilke spielt mit der Wendung ›à mon tour‹ [Vers 1] (aus dem Wort ›le tour‹, ›kreisförmige Bewegung‹) auch auf seinen letzten Wohnsitz im Turm von Muzot (›la tour‹) an und schreibt deshalb ›Tour‹. Das Wort ›s'inganner‹ [Vers 4] ist kein französisches Wort. Rilke ›täuscht‹ sich in diesem Reim mit ›Liliane‹ wohl bewußt und verwendet eine Adaption des italienischen Verbs ›ingannarsi‹.«

Dr. Albert Ronsin, Saint-Dié, zeigt eine weitere Variante auf: »›s'inganne‹, ce mot n'existe pas en français. On connaît inganno: terme de musique significant cadence. Vient du mot italien Ingano = tromperie.« Zu Vers 7 schreibt er: »›– je m'agite pour une goutte diaphane‹: allusion aux rapports sexuels et au sperme«. (Brief an Barbara Glauert-Hesse vom 23.1.2000; s. dazu auch Brief 21).

Bois de Boulogne: parkartig angelegter Wald, an das 16. Arrondissement von Paris angrenzend.

Pré Catelan: großes Wiesengelände im Bois de Boulogne, (früher) mit Café-Restaurant und Molkerei.

Die versprochenen Bücher: s. Brief 24.

In England: Aus dem Jahr 1923 ist nur je ein Brief von Claire Goll an ihren Mann (September) und von Yvan Goll an seine

Frau erhalten (September). Claire Golls Reise nach England läßt sich nicht mehr feststellen.
Die portugiesischen Sonette der Browning: Elizabeth Barrett-Browning: englische Lyrikerin. Rilke übersetzte die *Sonnets from the Portuguese: Elizabeth Barrett-Brownings Sonette nach dem Portugiesischen* (»Dem Andenken Frau Alice Fähndrich geborene Freiin von Nordeck zu Rabenau«). Leipzig 1908.
Dem Cornet: s. Brief 23.
Marthe Hennebert: französische Arbeiterin, die Rilke 1911 auf der Straße in Paris in großer Armut kennenlernte. Er versuchte, ihr eine Ausbildung zukommen zu lassen. Nach 1918 traf Rilke sie in der Schweiz wieder. An Marie von Thurn und Taxis schrieb er darüber: »Meine kleine Marthe ... hab ich dreimal auf schweizer Boden wiedergesehen, – es war wehmüthig als Erlebnis, ein klein bischen welk an den Rändern, aber ihr Herz hatte noch dieselbe Genialität, sie stickte einen Teppich für den *Salon d'automne* nach dem Entwurf eines ihrer Freunde, die Vorlage war ganz summarisch, Marthe's Übersetzung von einer persönlichen Fülle, von einer Großmüthigkeit ...« (*BrfwRilke / Taxis*, S. 587). 1925 heiratete sie den Maler Jean Lurçat.
Mit dem Mann: Jean Lurçat, französischer Maler, Textilkünstler und Autor.

26. AN CLAIRE GOLL · Am 12. May 1923; nach: 27, rue Jasmin, Paris XVI; Briefumschlag erhalten. Der Brief wurde per Einschreiben (Sierre, Nr. 915) gesandt. Die Rückseite des Umschlags ist mit Rilkes Siegel versehen. Der Brief wird hier zum erstenmal veröffentlicht. Er findet sich weder in *BrGoll 1*, noch in *BrGoll 2*. Auch die französischen Veröffentlichungen enthalten ihn nicht.
Jene Deine Reise: Claire Golls Reise nach Afrika, die sie aber nicht antrat.
Beide Bücher: Die Sonette an Orpheus und *Duineser Elegien.*
Fertigstellung der Elegien: s. Briefe 12 und 24. Sie wurden im Juni 1923 veröffentlicht.
Sonette an Orpheus: s. Brief 24.
Zeit der Besuche auf Muzot: Vom 23.2.-23.5.1923 besuchten Rilke auf Muzot: Carl Jakob Burckhardt, Nanny Wunderly-

Volkart, Ellen Delp und Regina Ullmann, Hela de Chelminska und Helene Hofer, Heinrich Wunderly und Dr. Wilhelm Wengler, Werner Reinhart, Alma Moodie und Edmund von Freyhold, Mary Dobrčensky und Marie von Thurn und Taxis. Alle Gäste wohnten im Hotel Bellevue in Sierre.

Mehrere französische Versionen des Cornet: Im Januar 1923 erbot sich unter anderen Dr. Filippo Sacchi als »Cornet«-Übersetzer.

In Vincennes ein junger Dichter: Es könnte sich um Maurice Betz gehandelt haben.

das Sechzehnte [Sonnett an Orpheus]: Die erste Strophe lautet: »Du, mein Freund, bist einsam, weil ... / Wir machen mit Worten und Fingerzeigen / uns allmählich die Welt zu eigen, / vielleicht ihren schwächsten, gefährlichsten Teil.«

An einen Hund gerichtet: Im Sommer 1921 hatte Rilke vom 13.5.-28.6. in Le Prieure zu Etoy bei St. Prex gewohnt. Von dort aus hatte er Nanny Wunderly-Volkart durch den Coiffeur Max Ringeisen einen nicht ganz reinrassigen Wolfshund namens Lord nach Meilen vermittelt. Schon in Etoy hatte er ein besonderes Verhältnis zu diesem Hund entwickelt. So schrieb er am 21.6.1921 an Nanny Wunderly-Volkart: »Mit dem Coiffeur habe ich ferner vereinbart, daß er Lord selbst zu Ihnen bringt, [...] er wollte seinen Reisegefährten ›in eine Kiste thun‹, was mich gelind entsetzte, falls man aber ein ganzes Personenbillet löst, so dürfte der Wolf, déguisé en Monsieur, in der 3. Klasse mitreisen: dafür war ich denn auch unbedingt [...].« (*BrWunderly*, S. 486).

27. AN RAINER MARIA RILKE · [19.5.1923]; nach: Château de Muzot Sierre (Valais); Briefumschlag erhalten. Der Brief wurde per Einschreiben (Paris 53, Nr. 561) gesandt; Poststempel: Paris 19.5.23; Datum aufgrund des Poststempels festgestellt.
Der Brief wurde nach Erhalt der *Sonette an Orpheus* geschrieben. In Claire Golls Nachlaß befindet sich Rilkes Widmungsexemplar: Es ist Nr. 15 der in 300 Exemplaren auf Bütten gedruckten mit Goldschnitt in Leder gebundenen 1. Auflage, März 1923 und trägt die handschriftliche Widmung von Rilke: »Für Liliane! Rainer. Muzot im März 1923«; weitere handschriftliche Anmerkungen von Rilke.

28. AN RAINER MARIA RILKE · [2.6.1923]; nach: Château de Muzot sur / Sierre (Valais); Expressbrief, 1 Bl., mit Inhalt auf der Rückseite des Blattes; Poststempel: Paris 2.VI.23; Datum aufgrund des Poststempels festgestellt.
Deinen blauen Briefen: Rilke benutzte hellblaues Briefpapier.
Erst im Winter nach Afrika: Auch dieser Termin kam nicht zustande.
Vom 1.-20.6. 1923 war Rilke in Zürich. Am 26./27.6. kehrte er nach Muzot zurück.

29. AN RAINER MARIA RILKE · [2.7.1923]; nach: Château de Muzot s / Sierre (Valais) Suisse! Briefumschlag erhalten; Poststempel: Paris 2.7.23; Datum aufgrund des Poststempels festgestellt.
Der blaue Vogel: Rilkes Brief.
Das zweite [...] Buch: Duineser Elegien.
Marthe Lurçat: geborene Hennebert (s. Brief 25).

30. AN CLAIRE GOLL · Am 24. July 1923; nach: Paris XVI, 27, rue Jasmin, nachgesandt nach: Cavalaire (Var), France; Briefumschlag erhalten. Der Brief wurde per Einschreiben (Sierre, Nr. 879) gesandt. Poststempel: Sierre 24.VII.23. Der Briefumschlag trägt Rilkes Siegel.
Daß ich fort war: Vom 29.6.-14.7.1923 unternahm Rilke eine Reise durch das Waadtland. Er kehrte am 15.7. nach Muzot zurück.
Nun gleich wieder fortgehe: Vom 22.8.-22.9.1923 unterzog Rilke sich einer ärztlichen Behandlung im Sanatorium Schöneck bei Beckenried am Vierwaldstätter See. Erst am 27.10.1923 kehrte er nach Besuchen in Luzern, Malans, Meilen und Bern nach Muzot zurück.
Deine beiden Briefchen: vom 2.6. und 2.7.1923.
Die »Elegieen«: Im Juni 1923 erschienen die *Duineser Elegien* im Insel Verlag, Leipzig.
Eines davon [...] ist Deines: In Claire Golls Nachlaß befindet sich Rilkes Widmungsexemplar: Es ist Nr. 15 der in 300 Exemplaren auf Büttenpapier gedruckten mit Goldschnitt in Leder gebundenen 1. Auflage, Juni 1923 und trägt die handschriftliche Widmung von Rilke: »Für Liliane. Rainer.«

meine Adresse: s. Brief 29.
Marthe: Marthe Lurçat, geb. Hennebert (s. Brief 25).

31. AN RAINER MARIA RILKE · [4.8.1923]; nach: Château de Muzot Sierre (Valais) Suisse! Briefumschlag erhalten. Der Brief wurde per Einschreiben (Cavalaire, Nr. 209) gesandt; Poststempel: Cavalaire 4.8.23; Datum aufgrund des Poststempels festgestellt.
Dein herrliches Buch: die *Duineser Elegien.*
Portugiesischen Sonetten: von Elizabeth Barrett-Browning (s. Brief 25).
»sind die Verlassenen liebender als die Gestillten«: aus der ersten Elegie: »Jene, du neidest sie fast, Verlassenen, die du / so viel liebender fandst als die Gestillten.«

32. AN RAINER MARIA RILKE · [12.10.1923]; nach: Château de Muzot s / Sierre (Valais) Suisse!, nachgesandt: chez Mme Wunderly-Volkart Meilen / Zürichsee Zur Unteren Mühle; Briefumschlag erhalten; Poststempel: Paris 12.10.23; Datum aufgrund des Poststempels festgestellt.
Mein Vater: im Brieforiginal: *ein* Vater. Claire Golls Vater, der Hopfen- und Kapselfabrikant und spätere Konsul von Argentinien, Josef Aischmann, geboren am 2.9.1852, starb am 30.9. 1923.
ein Vater: In ihren Erinnerungen schrieb Claire Goll, ihr gesetzlicher Vater Josef Aischmann sei nicht ihr leiblicher Vater gewesen; ihr wirklicher Vater sei ein Adliger: »Von der Abstammung her bin ich also eine Mischung aus preußischem Adel und jüdischen Vorfahren.« (*Goll 3*, S. 19). In einer Fernsehsendung nannte sie den Namen ihres leiblichen Vaters: Es soll Paul von Solms, Prinz zu Solms-Braunfels gewesen sein. Es ist jedoch unwahrscheinlich, daß Claire Goll in ihrem Brief an Rilke diesen ihr im Grunde gänzlich unbekannten »Prinzen-Vater« gemeint haben sollte und deshalb *ein* Vater schrieb.

33. AN CLAIRE GOLL · Am 22. Oktober 1923; nach Paris XVI, 27, rue Jasmin; Briefumschlag erhalten. Der Brief wurde per Einschreiben (Bern, Nr. 53) gesandt. Auf der Rückseite des Briefumschlags, gemalt von Claire Goll: ein Kreuzzeichen.

Der Brief wurde in englischer Übersetzung von Countess May de Huyn veröffentlicht in: *Twice a Year. A book of Literature, the Arts and Civil Liberties* (New York). Double number 5-6 (Fall / Winter 1940, Spring 1941), S. 375-387, am Schluß des Artikels von Claire Goll, »Rainer Maria Rilke«.
Ich bin [...] auf dem Rückweg: s. Brief 30. In Bern war Rilke vom 21.10.-27.10.1923.

34. AN RAINER MARIA RILKE · 24. Oktober [19]23; nach: Château de Muzot s / Sierre (Valais) Suisse! Briefumschlag erhalten.
Mit den heiligen Symbolen versehen: Rilke wurde am 19.12.1875 in der katholischen Kirche Sankt Heinrich in Prag auf die Namen René Karl Wilhelm Johann Josef Maria getauft. Er wurde nach seinem Tod – am 29.12.1926 – am 2.1.1927 nach einem kurzen katholischen Gottesdienst auf dem Friedhof von Raron im Wallis beigesetzt.

35. AN RAINER MARIA RILKE · [14.12.1923]; nach: Château de Muzot s / Sierre (Valais) Suisse! Briefumschlag erhalten. Poststempel: Paris 14.12.23; Datum aufgrund des Poststempels festgestellt.
Das Gedicht »Le Boulevard nostalgique« ist unveröffentlicht. Entgegen anders lautender bibliographischer Hinweise wurde das Gedicht nicht in *Lyrische Films* (*Goll* 4) aufgenommen.
L'antique châle de cachemire / Der uralte Kaschmir-Schal: Als Rilke sich im Oktober in Bern aufhielt, zeigte das dortige Historische Museum die Sammlung der Kaschmir-Schals von Henri Moser. An Gräfin Sizzo schrieb Rilke darüber am 16.12.1923: »... diesmal aber kam ich auf eine besondere Entdeckung: Shawls: persische und turkestanische Kaschmir-Shawls, [...] Shawls mit runder oder quadratischer oder sternig ausgesparter Mitte, mit schwarzem, grünem, oder elfenbeinweißem Grund [...]. Wie vor Jahren in Paris die Spitzen, so begriff ich plötzlich, vor diesen ausgebreiteten und abgewandelten Geweben, das Wesen des Shawls!« (*BrSizzo*, S. 78-79).

36. AN CLAIRE GOLL · Ce 5 Février 1924; nach: [Paris XVI, 27, rue Jasmin]; kein Briefumschlag erhalten (s. Brief 37). Der Brief ist in französischer Sprache verfaßt. Die Anmerkungen beziehen sich auf die deutsche Übersetzung.
Meinen guten alten Turm: Château de Muzot.
Im Gebirge bei Montreux: Rilke hielt sich vom 28.12.1923 bis 20.1.1924 zum ersten Mal in der Clinique Val-Mont-sur-Territet bei Montreux auf.
Einige Improvisationen: In ein von ihm selbst gebundenes schmales Heft schrieb Rilke sieben französische Gedichte für Claire Goll (s. Brief 37), auf der Titelseite seine handschriftliche Widmung: »à Liliane«. Das Heft wird in Claire Golls Nachlaß aufbewahrt. Es sind die Gedichte:
1. »Ce soir mon cœur fait chanter«. In: *Werke 3*, S. 271, *Vergers*, Gedicht Nr. 1. In: *PoèmFranc*, S. 7, *Vergers*, Gedicht Nr. 1, und S. 89, *Tendres Impôts à la France*.
2. »Lampe du soir, ma calme confidente«. In: *Werke 3*, S. 271 *Vergers*, Gedicht Nr. 2. In: *PoèmFranc*, S. 7, *Vergers*, Gedicht Nr. 2, und S. 271, *Tendres Impôts à la France*.
3. »Qu'est-ce que les Rois Mages«. In: *PoèmFranc*, S. 86, *Tendres Impôts à la France*, Gedicht Nr. 3.
4. »Tout vous dire serait trop long«. In: *PoèmFranc*, S. 133, *Poèmes et Dédicaces*. 1920-1926. (»A Monique et Blaise Briod«).
5. »De quelle attente, de quel / regret«: in *PoèmFranc*, S. 91, *Tendres Impôts à la France*, Gedicht Nr. 15 [2. Gedicht, Nr. ⟨15⟩, betitelt »Tombeau (dans un parc)«].
6. »Sur le soupir de l'amie«. In: *PoèmFranc*, S. 13, *Vergers*, Gedicht Nr. 15.
7. »Combien a-t-on fait aux fleurs«. In: *PoèmFranc*, S. 8, *Vergers,* Gedicht Nr 4.
Anfang Februar 1924 begann Rilke, Gedichte in französischer Sprache zu schreiben. In schneller Folge entstanden 34 Gedichte, von denen 20 Aufnahme in den späteren Band *Vergers* fanden. Auch seine früheste handschriftliche Sammlung französischer Gedichte, *Tendres Impôts à la France,* wurde damals zusammengestellt. Sie blieb in dieser Form ungedruckt. Das Konvolut enthält drei Gedichte, die Ende Januar und um den 1. Februar 1924 entstanden. Zwei von ihnen, »Ce soir mon cœur fait chanter« und »Lampe du soir, ma calme confidente«, stellte Rilke an

den Beginn der *Vergers*. Um den 1.3.1924 entstanden erneut 17 französische Gedichte. Rilke nahm sie in *Vergers* auf. Von Anfang August bis Anfang September 1924 entstand auf Muzot ein Zyklus von 36 französischen Gedichten, »Les Quatrains Valaisans«. Erst im Mai 1925 schloß Rilke das Manuskript der *Vergers* ab. Im Juni 1926 erschien die vollständige Sammlung *Vergers suivi des Quatrains Valaisans* avec un portait de l'auteur par Baladine gravé sur bois par G. Aubert« in den Editions de la *Nouvelle Revue Française.* Die Auflage betrug 884 Exemplare. (s. dazu: *BrVerleger*, S. 498, *SW I-VI*, Band II und *PoèmFranc.*). In Claire Golls Nachlaß befindet sich ein Exemplar der Sammlung *Vergers* in der Ausgabe der *Nouvelle Revue Française* von 1926. Auf dem Innentitel steht die handschriftliche Widmung von Yvan Goll: »A Liliane 29 décembre 1926«. Rilke starb am 29. Dezember 1926.

37. AN RAINER MARIA RILKE · Am 15. Februar 1924; nach: Château de Muzot Sierre (Valais) Suisse! Briefumschlag erhalten.
Ein gelbes Kuvert: der heute nicht mehr erhaltene Umschlag des Briefes 36.
Mein livre de chevet: Lieblingsbuch.
Deine Gedichte: die sieben französischen Gedichte, die dem Brief 36 beilagen.
Les Rois Mages: »Qu'est-ce que les Rois Mages«: s. Brief 36, Gedicht Nr. 3.
Zu meinem Kind: Dorothea-Elisabeth Studer.
Ein Marionettenspiel: bisher nicht ermittelt.
Skulptur von Huf: Im Dezember 1915 entstand Rilkes Büste durch den Schweizer Bildhauer Fritz Huf. Im August 1919 wurden »drei Abbildungen des Kopfes« dem Kunstmuseum Winterthur übergeben. In der Zeitschrift *Das Inselschiff* erschien im Februar 1920 (Heft 3) erstmals eine Abbildung der Hufschen Rilke-Büste.
In dem Briefkonvolut Rilke – Claire Goll befindet sich ein Original-Briefumschlag mit der handschriftlichen Adresse von Claire Goll: »Mr. Rainer Maria Rilke, Château de Muzot, Sierre (Valais), Suisse!«. Der Umschlag trägt den Poststempel des 29.5.1924. Der zugehörige Brief fehlt.

38. AN CLAIRE GOLL · [2.6.1924]; nach: Paris XVI, 27, rue Jasmin; Briefumschlag erhalten. Poststempel: Sierre 2.VI.24; Datum aufgrund des Poststempels festgestellt.
Ein »Schicksal« auferlege: vermutlich ein Zitat aus Claire Golls Brief vom 29.5.1924, der nicht erhalten ist. Sie fragte Rilke sicher an, ob ihm ihr Besuch auf Muzot recht sei. Rilke reiste mehrmals innerhalb der Schweiz, und er hatte immer wieder Gäste, so am 6.4. Paul Valéry; es folgten Werner Reinhart und Alma Moodie, Anton und Katharina Kippenberg, Clara Rilke-Westhoff und ihr Bruder Helmut.
Je suis seul: Daß Rilke hier sein Alleinleben betont, hängt vermutlich mit Baladine Klossowska zusammen, die zeitweise auf Muzot lebte. Claire Goll wußte von dieser Verbindung. Am 22.4.1924 hatte Rilke auch Lou Andreas-Salomé eingeladen und ihr das einzige Gästezimmer auf Muzot angeboten: »Seit Dein Brief da ist, Lou, weißt Du was ich denke?: daß Du einmal hier bei mir sein wirst, dieses Jahr! Warum sollte das nicht möglich sein? [...] Du weißt, ich habe ein Gastzimmer, eine liebe Mansarde, allerdings mit sehr kleinen Fenstern.« (*BrfwRilke / Salomé*, S. 467-468).
Wie ich auch sei: Rilkes Gesundheit hatte sich innerhalb des Jahres verschlechtert (*Ibid.*, S. 465-466). Vom 24.11.1924 bis 8.1.1925 lebte er wieder im Sanatorium Val-Mont bei Montreux.
Um den zehnten herum [...] fortginge: Vom 18.6.-27.6.1924 unternahm Rilke zusammen mit Nanny Wunderly-Volkart eine Autofahrt durch die Schweiz (Bex, Lausanne, La Sarraz, Yverdon, Valangin, Neuchâtel, Bern). Vom 28.6.-23.7.1924 war er in Bad Ragaz und traf den Fürsten und die Fürstin von Thurn und Taxis.
»Bellevue«: Hotel in Sierre.

39. AN RAINER MARIA RILKE · [4.6.1924]; nach: Château de Muzot Sierre; Telegramm Nr. 39002, aufgegeben Paris: 4.6.1924, 15^{50}; angekommen Sierre: 4.6.1924, 16^{45}. Am 4.6.1924 befand Rilke sich auf Muzot.

40. AN CLAIRE GOLL · [5.6.1924]; nach: Paris 16, 27, rue Jasmin; Telegramm, aufgegeben Sierre, 5.6.1924, 8^{37}; angekommen Paris 5.6.1924, 10^{20}.
Dieses Telegramm ist weder in *BrGoll 1*, noch in *BrGoll 2*, enthalten.
Donc à plus tard [Also bis später]: Vermutlich wollte Rilke Claire Goll »in vier Wochen« auf Muzot treffen. Zu dieser Zeit, Anfang Juli 1924, befand er sich in Bad Ragaz.

41. AN RAINER MARIA RILKE · [15.6.1924]; nach: Château de Muzot Sierre (Valais) Suisse! Briefumschlag erhalten. Poststempel: Paris 15.6.24; Datum aufgrund des Poststempels festgestellt.
Die Rosen: im Garten von Muzot.
Am 1. August in Paris: Claire und Yvan Goll reisten nach Chambon s / Lignon.
15. August: s. Brief 44.

42. AN RAINER MARIA RILKE · 19. Juli [19]24; nach: [Château de Muzot Sierre (Valais) Suisse]; kein Briefumschlag erhalten.
Umstehendes Gedicht: nicht erhalten.
Auf dem Land: in Chambon s / Lignon.

43. AN CLAIRE GOLL · ce 22 Juillet 1924; nach: [Chambon s / Lignon (Haute Loire)]; kein Briefumschlag erhalten.
Der Brief ist in französischer Sprache verfaßt. Die Anmerkungen beziehen sich auf die deutsche Übersetzung.
Erst nach dem 20. August: s. Brief 46.
In Muzot oder anderswo: Um diese Zeit lebte Rilke auf Muzot. Am 7.7.1924 hatte er aus Bad Ragaz an Frau Wunderly-Volkart geschrieben: »Anfangs August […] sollte Claire Goll aus Paris mich besuchen können; die möchte ich dann gerne auf Muzot empfangen.« (*BrWunderly*, S. 1009).
ich bin in Ragaz: vom 28.6.-23.7.1924.
Ich gehe nach Zürich: vom 23.7.-1.8.1924, nach Meilen am Zürichsee.

Am 2. August nach Muzot: An diesem Tag kehrte Rilke nach Muzot zurück.
Eine andere Haushälterin: Seit seinem Einzug auf Muzot bewirtschaftete Frida Baumgartner aus Solothurn das Anwesen Muzot. Ihr folgte Elise Windmeier, von der er am 4. August 1923 an Nanny Wunderly-Volkart schrieb: »Aber auf den Herbst zu wird eine Änderung unvermeidlich werden, ich kann fast nichts essen, was sie kocht.« (*Ibid.*, S. 902). Im November 1923 kehrte Frida Baumgartner nach Muzot zurück.

44. AN CLAIRE-L. GOLL · ce 15 Août 1924; nach: Paris XVI, 27, rue Jasmin, nachgesandt: chez Rhein Verlag Fraumünsterstr. 19, Zürich; Briefumschlag erhalten. Der Brief wurde per Einschreiben (Sierre, Nr. 548) gesandt.
Der Brief wurde in französischer Sprache verfaßt. Die Anmerkungen beziehen sich auf die deutsche Übersetzung.
Nach Graubünden: Vom 7.-16.9.1924 war Rilke Gast des Industriellen Richard Weininger in Ouchy-Lausanne. Diese Reise hatte sich verzögert. Am 18.8.1924 hatte er aus Muzot an Nanny Wunderly-Volkart geschrieben: »Von außen kam bisher nichts [...]. Vielleicht daß ich vorher noch Claire Goll hier durchreisen sehe, ehe ich selbst fortgehe.« (*Ibid.*, S. 1011-1012).

45. AN RAINER MARIA RILKE · [19.8.1924]; nach: Château de Muzot Sierre Valais! Briefumschlag erhalten; Poststempel: Küsnacht / Zürich 19.8.1924; Datum aufgrund des Poststempels festgestellt.
Der Brief ist am oberen Blattrand – vermutlich von Claire Goll – um einige Zentimeter abgeschnitten worden.
Ich kann nicht kommen: Der Grund von Claire Golls Absage konnte bisher nicht ermittelt werden. Offensichtlich war sie allein von Paris nach Zürich gereist.
bei Freunden: bei Dr. Walter Lohmeyer und dessen Frau. Lohmeyer war Geschäftsführer und Leiter des Rhein Verlags, Basel, der eine Dependance in Zürich hatte. Am 27.10.1921 hatte Goll nach einem Besuch in der Frankfurter Rhein-Verlags-Dependance an seine Frau geschrieben: »Ferner: wir haben viele Feinde

in der Schweiz. Dies der Grund (anonyme Briefe an den Hauptgesellschafter Dr. Kober über *Dich* vor allem! Du habest Dich als schweizfeindlich erwiesen, und habest trotzdem den Titel einer Schweizerin in Zürich usurpiert, und tausend solche Dinge!) Dies der Grund, warum der arme L. [Lohmeyer] Dein Buch nicht drucken *durfte* und auch den Roman nicht annahm! Der arme arme Kerl. Aber nun sind die Gedichte doch im Druck.« (*Goll 5*, S. 32).
19 Fraumünstergasse: richtig: Fraumünsterstraße.

46. AN CLAIRE-L. GOLL · am 20. August 1924; nach: 19, Fraumünstergasse chez Dr. Lohmeyer Zürich; Briefumschlag erhalten. Der Brief wurde per Express-Eilboten gesandt.
Meine eigene Abreise: s. Brief 44.
Nur gerade Dich noch erwartet: s. Brief 44, Anmerkung: Brief Rilke an Nanny Wunderly-Volkart vom 18.8.1924.
durch Zürich reise: Dieser Plan wurde nicht verwirklicht. Claire Goll reiste am 26.8.1924 von Zürich aus direkt nach Paris zurück.
Wart ich selber auf Nachrichten: von Richard Weininger, Ouchy-Lausanne, zu dem Rilke am 7.9.1924 fuhr (s. Brief 44).

47. AN RAINER MARIA RILKE · [25.8.1924]; nach: Château de Muzot Sierre (Valais); Briefumschlag erhalten. Der Brief wurde per Express-Eilboten gesandt; Poststempel: Zürich 25.VIII.24; Datum aufgrund des Poststempels festgestellt.
Der Brief wurde in französischer Sprache verfaßt. Die Anmerkungen beziehen sich auf die deutsche Übersetzung.
Der Brief wurde von Claire Goll im unteren Drittel des Blattes durchgeschnitten und mit Tesafilm wieder zusammengeklebt. Der Schnitt erfolgte zwischen »consoler?« und »Aussi je crois«.
Den unersetzlichen Verlust: bisher nicht ermittelt, um welchen Todesfall es sich hier handelte.
Morgen nach Paris zurückzukehren: Am 26.8.1924.
Am 17.9.1924 war Rilke aus Lausanne nach Muzot zurückgekehrt. Er trug sich mit dem Gedanken, nach Paris zu reisen. Sofort schrieb er an Kippenberg: »... ich denke, sehr ernstlich diesmal, an einen Pariser Aufenthalt für einen Theil des Okto-

ber und vielleicht, da man einen schönen Herbst verspricht, in den November hinein« und bat ihn zu bedenken, »was sich dafür thun ließe, damit ich mir einen nicht zu eingeschränkten und ängstlichen Aufenthalt in Paris erlauben könnte.« (*BrVerleger*, S.471). Kippenberg stellte Rilke genügend Geld zur Verfügung. Aus seiner Reise wurde zunächst nichts. Am 24.11.1924 begab er sich nach Val-Mont. Da der Chefarzt Dr. Haemmerli seine Reisepläne für Paris unterstützte, fuhr Rilke am 7.1.1925 unmittelbar von Val-Mont aus, ohne nach Muzot zurückzukehren, nach Paris. Er wohnte wieder im Hôtel Foyot. Sein Aufenthalt dauerte bis 18.8.1925.

In dem Briefkonvolut Rilke – Claire Goll befindet sich ein Original-Briefumschlag mit der handschriftlichen Adresse von Claire Goll: »Mr. Rainer Maria Rilke, Château de Muzot. Sierre (Valais) (Suisse!)«. Der Brief wurde per Einschreiben (Megève, Nr. 748) aus Megève, Savoie, gesandt. Poststempel: 26.12.1924. Der zugehörige Brief fehlt. Rilke muß diesen Brief erhalten haben, denn er nahm am 20.2.1925 Bezug auf ihn (s. Brief 48).

48. AN CLAIRE GOLL · *ce Vendredi* [20.2.1925]; nach: Paris XVI, 27, rue Jasmin, mit der Anmerkung: »Prière de faire suivre en cas d'absence«.

Der Brief wurde als »pneumatique« gesandt. Poststempel: Paris 20.2.25; Datum aufgrund des Poststempels festgestellt. Briefaufdruck des Hôtel Foyot.

Der Brief wurde in französischer Sprache verfaßt. Die Anmerkungen beziehen sich auf die deutsche Übersetzung. Er wurde weder in *BrGoll 1*, noch in *BrGoll 2* veröffentlicht.

aus Megève zurück: im Original: Mégèves. Claire Goll war im Dezember 1924 in Megève. Ihr Brief vom 26.12.1924 an Rilke ist nicht erhalten.

Schwierigen Augenblick Deines persönlichen Lebens: s. Brief 47. Rilkes erste Sorge in Paris galt seinen 1914 zurückgelassenen und sequestrierten Koffern mit literarischen Dokumenten. Ab Anfang Februar 1925 arbeitete er täglich mit Maurice Betz an dessen Übertragung der *Aufzeichnungen des Malte Laurids Brigge*. Er traf sich mit André Gide, Paul Valéry und dem zufällig in Paris weilenden Hugo von Hofmannsthal.

49. An Claire Goll · *ce mercredi matin* [25.2.1925]; nach: E.V. [En Ville] XVI, 27, rue Jasmin; der Brief wurde als »pneumatique« gesandt; Poststempel: Paris 25.2.25; Datum aufgrund des Poststempels festgestellt. Briefaufdruck des Hôtel Foyot.
Der Brief wurde in französischer Sprache geschrieben. Die Anmerkungen beziehen sich auf die deutsche Übersetzung.
Donnerstag Nachmittag ab 5 Uhr: am 26.2.1925. Am Morgen dieses Tages traf Rilke sich im »Grill-Room des Champs-Elysées« auf Einladung der Fürstin Marguerite Bassiano mit Paul Valéry und beabsichtigte, diesen »un peu avant midi« in seine Wohnung zu begleiten.
Daß Du mich erwartest: in der Wohnung der Golls, 27, rue Jasmin, in Auteuil.

50. An Rainer Maria Rilke · [28.2.1925]; nach: Paris, Hôtel Foyot, 33, rue de Tournon; Briefumschlag erhalten. Er trägt eine französische Briefmarke, wurde jedoch nicht per Post, sondern vermutlich mit den Rosen gesandt. Datum aufgrund des Inhalts festgestellt.
Nur späte Enkel: Claire Goll hatte Rilke Rosen gesandt.
In mondäne Pariser Salons: Vermutlich hatte Rilke Claire Goll von der Einladung der Fürstin Bassiano am gleichen Morgen berichtet. Harry Graf Kessler notierte am 5.4.1925 in sein Tagebuch, daß Rilke der Salonlöwe sei, »gerade so, wie sich Franzosen einen deutschen Dichter vorstellen«. (Zitiert nach *Schnack*, S. 976).
Charles Wolff: Claire Golls Arzt.

51. An Rainer Maria Rilke · Im April [1925]; nach: Hôtel Foyot 33, rue de Tournon 6ème; Briefumschlag erhalten; der Brief wurde nicht per Post gesandt. Datum aufgrund des Inhalts festgestellt.
Seit acht Jahren: Claire Goll spielt auf ihre erste Begegnung mit Rilke in München an.

52. An Rainer Maria Rilke · [April – 25.6.1925]; nach: [Paris] 33, rue de Tournon Hôtel Foyot; Briefumschlag erhalten: kleines

Briefbillet, das einem Nelkenstrauß beigefügt war; nicht per Post gesandt; Datum aufgrund des Inhalts festgestellt.

53. AN RAINER MARIA RILKE · [25.6.1925]; nach: Hôtel Foyot 33, rue de Tournon Paris 6ème; Briefumschlag erhalten. Poststempel: Châtel-Guyon 25.6.25; Datum aufgrund des Poststempels festgestellt.
Auskunft über Val-Mont: s. Brief 54.
Den Namen des Arztes: s. Brief 54.
mein Reiseprojekt: Claire Goll war zur Kur in Châtel-Guyon. Sie fuhr regelmäßig u.a. nach Challes-les-Eaux, Plombières-les-Bains, Haybes s. / Meuse und Montecatini / Italien (s. dazu auch Brief 21, Brief Dr. Albert Ronsin an Barbara Glauert-Hesse vom 23.1.2000).
Elisabeth Bergner: s. Brief 6.

54. AN CLAIRE GOLL · Am 29. Juny 1925; nach: Hôtel International Châtel-Guyon (Puy-de-Dôme); Briefumschlag erhalten.
Elisabeth Bergner: s. Brief 6.
ein Funiculaire: (Stand-) Seilbahn.
Gründer und Chef-Arzt: Dr. Auguste Widmer.
Dr. Theodor Haemmerli »senior«: Dr. Theodor Haemmerli-Schindler.
trotz der magischen Massage: nicht ermittelt.
Da ich Dich zuletzt sah: am 26.2.1925.

55. AN RAINER MARIA RILKE · Am 10. Juli. [1925]; nach: Hôtel Foyot 33, rue de Tournon Paris 6ème; Briefumschlag erhalten. Der Brief wurde nicht per Post gesandt, sondern vermutlich dem Paket mit Honig beigelegt.
Auvergne: Claire Goll hielt sich noch in Châtel-Guyon auf.

56. AN CLAIRE GOLL · ce même Jeudi, 4 h 10. [6.8.1925]; nach: 27, rue Jasmin E.V. [En Ville] XVI; der Brief wurde als »pneumatique« gesandt. Poststempel: Paris 6.8.25; Datum aufgrund des Poststempels festgestellt. Briefaufdruck des Hôtel Foyot.

Der Brief ist in *BrGoll 1* datiert mit: »ce même Jeudi, 4 h 10«, enthält keine Jahreszahl. Er steht vor Brief 54 [29.6.1925]. In *BrGoll 2* ist er datiert: »(März 1925)« und steht ebenfalls vor Brief 54.
Samstag: 8. August 1925.

57. AN RAINER MARIA RILKE · Freitag [7.8.1925]; nach: Hôtel Foyot 33, rue de Tournon Paris 6ème; der Brief wurde als »pneumatique« gesandt. Poststempel: Paris 7.8.25; Datum aufgrund des Poststempels festgestellt.
In dem Briefkonvolut Rilke – Claire Goll befindet sich ein Original-Briefumschlag mit der handschriftlichen Adresse von Claire Goll: »Mr. Rainer Maria Rilke.« Er trägt den Briefaufdruck des Hôtel Foyot. In einer fremden Handschrift steht unter Rilkes Namen: »Liliane«. Der zugehörige Brief fehlt.
Maurice Betz begründete im Rückblick 1937 Rilkes zunehmende gesundheitliche Schwäche: »Ein- oder zweimal sah ich Rilke im Luxembourg, wie er mit seinem etwas wiegenden Schritt eine Allee entlang ging oder einen Block zusammengeklappter Stühle umkreiste. [...] Unter den blühenden Oleandersträuchern [...] hatte er seine geliebten Balustraden wiedergefunden, die ganz genau so hoch wie sein Stehpult waren und auf die er sich stützen konnte, um einige Gedanken oder Verse in sein Taschenbuch einzutragen. [...] Unter den Ereignissen [...], die Rilke in diesem Juli bewegten, war eines die Abreise André Gide's nach Afrika. [...] Dieses Gefühl, verbunden mit einer wachsenden Müdigkeit und dem schliesslich enttäuschenden Eindruck der ein wenig allzu äusserlichen Höflichkeit Paul Valérys, haben zweifellos die Empfindung der Leere verstärkt, die sich mitten in diesem Sommer plötzlich in einem Unwohlsein äusserte und ihn veranlasste, seine Abreise zu beschleunigen.« (*Betz / Rilke*, S. 157, 159, 161).
Im Juli 1925 wurde Rilke über einige gegen ihn gerichtete, in der deutschen Presse veröffentlichte Artikel informiert (*Der Türmer*, Stuttgart, und *Auslandspost*, München). Darin hieß es: »Wir haben diesen Artikel über einen nun wieder in Paris herumträumenden deutschen Dichter mit Kopfschütteln gelesen [...]. Am schwersten leiden wir unter Frankreich und der größte

Lyriker des heutigen Deutschlands flaniert in Paris herum.«
(Zitiert nach *Schnack*, S. 988). Diese Angriffe kränkten Rilke; er
entschloß sich, nach Muzot zurückzukehren. In Paris sah er nur
noch wenige, ihm vertraute Freunde wie Maurice Betz.
Am 18. August 1925 verließ er zusammen mit Baladine Klossowska Paris, ohne sich von seinen engsten Freunden zu verabschieden. Am 24.8.1925 fuhr er für einen Tag nach Sierre,
anschließend nach Mailand und Baveno am Lago Maggiore.
Danach kehrte er nach Muzot zurück.

58. AN RAINER MARIA RILKE · Am 2. September [19]25; nach:
Château de Muzot. Sierre (Valais) Suisse! Briefumschlag erhalten.
Der Wind des Valais / Dein Turm: Rilke hatte bei seiner letzten
Begegnung mit Claire Goll am 8. August vermutlich von seinen
Rückkehrplänen nach Muzot gesprochen.
Kuren und Diät: Claire Goll befand sich im Sanatorium »Le
Chatigny« in Luxeuil-les-Bains.
Dieser Brief blieb unbeantwortet. Rilke und Claire Goll sahen
sich nicht wieder.
Vom 7.9.-30.9.1925 war Rilke nochmals zur Kur in Bad Ragaz.
Am 27. Oktober schrieb er sein Testament und sandte es zu
Händen von Nanny Wunderly-Volkart. Am 31.10. schrieb er an
Lou Andreas-Salomé: »Es ist ein entsetzlicher Cirkel, ein Kreis
böser Magie, der mich einschließt wie in ein Breughel'sches
Höllenbild. [...] Ich sehe nicht, wie ich so weiterleben soll.«
(*BrfwRilke / Salomé*, S. 476). Seinen 50. Geburtstag am 4. Dezember verlebte er allein auf Muzot. Am 20. Dezember fuhr
Rilke wieder nach Val-Mont. Er blieb dort bis 3. Juni 1926. An
Nanny Wunderly-Volkart schrieb er am 5.4.1926: »Selbst wenn
der gute Dr. H [Haemmerli] dasitzt, mir seine Trost-Argumente [...] aufzählend, selbst während er spricht, merke ich keine
Besserung an den verschiedenen Bruchstellen meiner Schadhaftigkeit, Mund – Leib – und alles Übrige ... bereiten mir weiter die gleichen Beschwernisse, und der Schrecken wohnt gleich
um die Ecke.« (*BrWunderly*, S. 1122).
Anfang Juni 1926 erhielt Rilke die ersten Exemplare des Zyklus
Vergers suivi des Quatrains Valaisans aus den Editions de la

Nouvelle Revue Française. Anfang Juli erreichten ihn aus Paris *Les Cahiers* de *Malte Laurids Brigge*. Traduction de Maurice Betz. (Editions Emile-Paul). Noch immer entstanden Gedichte in deutscher und französischer Sprache, noch immer schrieb er Briefe an Freunde in der Schweiz und in Frankreich, noch immer bereiteten Besuche ihm Freude, so Elisabeth Bergner am 14. Juli 1926. In Lausanne sah er Edmond Jaloux, Paul Valéry und Carl J. Burckhardt. Am 20. September kehrte er nach Muzot zurück. Ende Oktober ordnete er die zahlreichen Korrespondenzen mit seinen Freunden, sammelte jede einzelne in großen gelben Umschlägen und schrieb die Namen darauf.

Am 30. November 1926 fuhr er nach Val-Mont. Dr. Haemmerli diagnostizierte eine schwere, unheilbare Leukämie. Am 9.12.1926 traf, als einzige Vertraute, Nanny Wunderly-Volkart in Val-Mont ein. Gegenüber Lou Andreas-Salomé bekannte er am 13.12.1926: »... es weht etwas Ungutes in diesem Jahresschluss, Bedrohliches ...« (*BrfwRilke / Salomé*, S. 483). Am 15.12.1926 schrieb Anton Kippenberg angesichts hoher Arzt- und Sanatoriumskosten an Rilke: »Auf das Herzlichste bitte ich Sie, sich keinerlei materielle Sorgen zu machen ... ›Siehe, was mein ist, ist auch Dein!‹ ...«. (Zitiert nach *Schnack*, S. 1090). Nanny Wunderly-Volkart bat Rilke – nach ihrem Bericht an Gudi Nölke vom 16.2.1927 –: »helfen Sie mir zu meinem Tod, ich will nicht den Tod der Ärzte – ich will meine Freiheit haben.« (*BrNölke*, S. 135).

Am 29. Dezember 1926 starb Rilke. Am 2. Januar 1927 wurde er auf dem Bergfriedhof von Raron in Anwesenheit des Ehepaares Kippenberg, von Nanny Wunderly-Volkart, Werner Reinhart, Regina Ullmann, Loulou Albert Lazard und Alma Moodie beigesetzt.

Das letzte Blatt in der Korrespondenz zwischen Rilke und Claire Goll fügte sie selbst hinzu.

»Rose, pure contradiction, volupté / De n'être le sommeil de personne / Sous tout de paupières.«

»Epitaphe sur la tombe de / Rainer Maria Rilke / à Rarogne en Suisse.«

Claire Goll übersetzte damit den Spruch, den Rilke sich als Grabspruch ausgesucht hatte: »Rose o reiner Widerspruch, Lust / Niemandes Schlaf zu sein unter soviel / Lidern«.

Claire Goll erfuhr sehr schnell von Rilkes Tod. Am 1. Januar 1927 erschien in den *Nouvelles Littéraires*, Paris, ein Gedenkartikel von Maurice Martin du Gard, dem Direktor der Zeitschrift. Am 8. Januar 1927 wurden des weiteren darin veröffentlicht: Maurice Betz, »La mort de Rilke« und Jean Cassou, »Adieu à Rilke«. Am 7. Februar 1927 erschien – ebenfalls in *Les Nouvelles Littéraires* – Claire Golls Gedenkaufsatz »Rilke et les femmes« – mit einem Foto des Rilke-Porträts von Lou Albert-Lazard – (S. 6). Es war Claire Golls erste Erinnerung an Rilke.

Gefühle. Verse von Claire Studer

In den Jahren 1917-1919 entstanden 27 Gedichte, die Claire Studer nach Veröffentlichung ihrer ersten Gedichtsammlung *Mitwelt*, 1918 (s. Brief 1), im Sommer 1919 in Ascona und Zürich zu einem Manuskript zusammenfaßte und am 24. Juli 1919 an Rilke sandte (s. Brief 10). Katharina Kippenberg hatte Rilke 1917 offiziell zum Berater des Insel Verlags ernannt. Bis zu seiner Abreise in die Schweiz im Juni 1919 unterbreitete Rilke dem Verlag mehrere Publikationsvorschläge. Auch unter diesem Aspekt sandte Claire Studer ihre Gedichte an Rilke (s. Briefe 10 und 11). Erst im April 1921 erhielt er von Katharina Kippenberg die endgültige Absage für das Manuskript *Gefühle* (*BrfwRilke/Kippenberg*, S. 418).

Im darauffolgenden Jahr wurde der Band *Lyrische Films. Gedichte von Claire Goll* im Rhein Verlag, Basel, veröffentlicht.

Nur drei der Gedichte aus der Sammlung *Gefühle* wurden in diesen Band übernommen: 1. »Wache Nacht«, *Lyrische Films*, S. 34; 2. »Die Mutter«, *ibid.*, S. 36 (Textvariante); 3. »Der Erwachsene«, *ibid.*, S. 32 (unter dem Titel »Die Erwachsene«, Textvariante). Alle anderen Gedichte dieser Sammlung sind unveröffentlicht. Sie befindet sich im Nachlaß Kippenberg im DLA Marbach.

Nachwort

»Da ich, von gewissen Jahren ab, einen Teil der Ergiebigkeit meiner Natur gelegentlich in Briefe zu leiten pflegte, steht der Veröffentlichung meiner, in Händen der Adressaten etwa erhaltenen Korrespondenzen (falls der Insel-Verlag dergleichen vorschlagen sollte), nichts im Wege.« So schrieb Rainer Maria Rilke am Abend des 27. Oktober 1925 auf Schloß Muzot nahe Sierre im Schweizer Wallis. Ein großer Teil seiner Briefe wurde seitdem im Insel Verlag veröffentlicht. Die wichtigsten Briefwechsel sind sicher die mit seinem Verleger Anton Kippenberg (1934/1995) und dessen Frau Katharina Kippenberg (1954), mit Lou Andreas-Salomé (1952/1975), der Fürstin Marie von Thurn und Taxis-Hohenlohe (1951/1986) und mit Nanny Wunderly-Volkart (1977). Andere Briefschaften, zumeist in Privatbesitz, sind noch unveröffentlicht.

Mehr als sieben Jahrzehnte lang sind auch jene Briefe in ihrer Gesamtheit unveröffentlicht und unbekannt geblieben, die Rainer Maria Rilke und Claire Goll-Studer in den Jahren 1918-1925 wechselten. Am 10. August 1931 schrieb Anton Kippenberg, Verleger und Inhaber des Insel Verlags in Leipzig, einen Brief nach Paris, in dem es hieß: »Sehr geehrte gnädige Frau, ich erhielt Ihr Schreiben vom 3. ds. Mts. und erlaube mir, Ihnen aus dem Rilke'schen Nachlaß ein Briefpaket zu senden, das die von Ihnen genannte Aufschrift ›Liliane‹ trägt. Mit dem Ausdruck vorzüglicher Hochachtung Ihr sehr ergebener Anton Kippenberg.«

Ende August 1971 übergab William B. Swarts, ein in Paris lebender New Yorker Rechtsanwalt, einer damals achtzigjährigen Frau ein schmales Briefpaket, das ebenfalls die Aufschrift »Liliane« trug. Es war dieses der zweite Teil der Korrespondenz. Die 26 Briefe Rainer Maria Rilkes an »Liliane« waren seit 1939 im Safe einer New Yorker Bank aufbewahrt worden.

Im Jahr 1931 waren es Claire Studers eigene Briefe an Rilke gewesen, die Anton Kippenberg ihr getreu Rilkes letztem Willen ausgehändigt hatte. Gemäß ihrem Willen gelangte die gesamte Korrespondenz 1971 in das Deutsche Literaturarchiv Marbach.

Diese Briefe spiegeln Leben und Wirken zweier Menschen wider, deren Werke heute Literaturgeschichte sind. Rainer Maria Rilke, geboren 1875, starb 1926. Claire Goll, geboren 1890, starb 1977.

München und Zürich

Ort der ersten Begegnung zwischen dem damals dreiundvierzigjährigen Rilke und der achtundzwanzigjährigen Claire Studer war das München des Revolutionsjahres 1918.

Der Erste Weltkrieg hatte Rilke während einer am 19. Juli 1914 von Paris aus begonnenen – wie er meinte, kürzeren – Reise durch Deutschland überrascht. Obwohl im März 1915 untauglich erklärt wurde Rilke im November 1915 erneut gemustert und als »uneingereihter Landsturmmann« zum Dienst einberufen. Einflußreiche Freunde erreichten im Juni 1916 seine Entlassung.

Die folgenden Jahre lebte er unstet in wechselnden Münchener Wohnungen, die ihm Freunde und Gönner zur Verfügung stellten. Sein vermehrtes Interesse am Münchner literarischen Leben brachte ihm bald eine Reihe neuer Freundschaften zu jungen Frauen ein. Zu nennen sind die Tänzerinnen Wera Ouckama und Sent M'Ahesa, die Schauspielerinnen Anni Mewes, Ellen Delp und Elya Maria Nevar (Else Hotop) und die Dichterinnen Ite Liebenthal, Henriette Hardenberg und – Ende 1918 – auch Claire Studer. Dazu genoß er die Gesellschaft weiterer Freunde: Wilhelm Hausenstein, Regina Ullmann, Hans Carossa, Paul und Lily Klee. Seine 1914 begonnene Verbindung mit Loulou Albert-Lazard gestaltete sich weiter problematisch.

Um die weitere Freistellung vom Militär zu rechtfertigen, hatte Katharina Kippenberg Rilke als Berater des Insel Verlags benannt. Die Korrespondenz belegt, daß er dieser Aufgabe nicht nur zum Schein nachkam, und so ergab es sich, daß er die schmalen Werke junger Autorinnen wie Else Lasker-Schüler, Henriette Hardenberg und Hertha Koenig dem Verlag zur Veröffentlichung vorschlug. Im Jahre 1919 sollte auch Claire Studers Werk durch ihn an die »Herrin der Insel« empfohlen werden.

Da immer wieder finanzielle Schwierigkeiten auftraten, die jedoch von Kippenberg und anderen Gönnern und Förderern aufgefangen wurden, mußte Rilke sich allerdings auch gelegentlichen Tadel gefallen lassen. So schrieb Marie von Thurn und Taxis am 6. März 1915 an ihn: »Dottor Serafico!!! Eigentlich möchte ich Sie furchtbar verschimpfen – ich glaube Sie würden es nothwendig brauchen wirklich ausgezankt zu werden wie ein baby – der Sie ja auch eines sind, obwohl dabei ein großer Dichter .... Aber Dottor Serafico! *Jeder* Mensch ist einsam, und *muß* es aushalten und *darf* nicht nachgeben und *muß* die Hilfe nicht in anderen Menschen suchen [...] Und was brauchen Sie immerfort dumme Gänse retten zu wollen, die sich selbst retten sollen – oder der Teufel soll die Gänse holen, – er wird sie ja ganz bestimmt wieder zurückbringen (Sie brauchen sich nicht zu ärgern denn ich kenne Niemanden und weiß von Niemandem). Es kommt mir vor daß der selige Don Juan ein Waisenknabe neben Ihnen war – Und Sie thun sich immer solche Trauerweiden aussuchen, die aber gar nicht so traurig sind in Wirklichkeit, glauben Sie mir – Sie, *Sie selbst* spiegeln sich in allen diesen Augen –.« (*BrfwRilke/Taxis*, S. 404).

Das Jahr 1917 war für Rilke vor allem durch die Kriegsereignisse gekennzeichnet. Sein früheres Leben, das aus Reisen und der Teilnahme am gesellschaftlichen Leben bestanden hatte, war ihm verloren. An den Verleger Kurt Wolff schrieb er am 28. März 1917: »Wozu hat man Toledo gekannt, wozu die Wolga, wozu die Wüste, – um jetzt in dem engsten Welt-

Widerruf dazustehen, voll plötzlich unanwendbarer Erinnerungen?« (*Wolff / Briefw.*, S. 145-146) In der Begegnung mit Sophie Borisowna (Sonia Liebknecht), der aus Rußland stammenden Frau des Sozialistenführers Karl Liebknecht, im Sommer 1917, fand Rilke einerseits ganz zu sich zurück, andererseits sah er ein, daß er nur durch eine stärkere Bindung zu seiner Umwelt sich aus seiner Isolation lösen und zu neuer dichterischer Produktivität gelangen konnte. »Ich bin dieser Tage ich selbst gewesen«, bekannte er gegenüber Sophie Liebknecht, »und wenn ich auch weiß, daß es *Ihre* Kraft war, Sophie Borisowna, Ihre reine Lebenskraft und die Kraft Ihrer Freude, mit der ich den Moment meines Auflebens bestritten habe, so hab ich mich doch eben einmal in Besitz nehmen dürfen, mich, meine wunderbaren Erinnerungen und die Gefühle meines von den Zeitläuften eingeschränkten und widerlegten Herzens. Es ist gut zu wissen, daß das doch alles noch da ist, unter der Erstarrung, in der ich lebe ...« (Brief vom 22.6.1917. RA Gernsbach)

Nachdem er in Berlin mit führenden Politikern wie Richard von Kühlmann, Detlef Graf von Moltke, Walther Rathenau und Jacob von Uexküll zusammengetroffen war, ja sogar an einer Reichstagssitzung teilgenommen hatte, sah er nach seiner Rückkehr nach München die politische Situation realistischer als früher. Er begrüßte die Oktoberrevolution in Rußland, bei den Friedensverhandlungen von Brest-Litowsk Anfang März 1918 kamen ihm jedoch Zweifel, daß die Hoffnungen auf Frieden durch Fehler der deutschen Diplomatie zunichte gemacht werden könnten. Auf das Kriegsende und die sich in München überstürzenden Ereignisse reagierte Rilke mit großem Anteil. Seine Wohnung in der Ainmillerstrasse wurde zum Versammlungsort bedeutender politischer Köpfe. Der Schriftsteller Oskar Maria Graf erinnerte sich: »In seine Atelierwohnung kamen aktive Revolutionäre wie Toller oder der Kommunist Kurella mit seinem jungen Kreis, kamen Schriftsteller und bürgerliche Männer, die es aufrichtig mit der Revolution meinten. [...]

Die Ursachen des deutschen Zusammenbruchs, unser Anteil an der Kriegsschuld und die deutschen Zukunftsmöglichkeiten waren der Inhalt ihrer Sorge und ihres Denkens, und wahrscheinlich erhofften sie eine brauchbare Stellungnahme Rilkes zu alledem. Die Gespräche aber verliefen ergebnislos und befriedigten sie nicht. [...] Er hörte seinen Besuchern unvoreingenommen zu, aber das, was er mitunter darauf sagte, blieb diesen Menschen grundfremd [...] Eigentümlicherweise aber hemmte sie etwas, zu widersprechen. Es fiel mir überhaupt auf, daß die meisten Menschen Rilke mehr zuhörten, als sie mit ihm redeten, obgleich er doch alles andere als redselig war. Er hatte eine sehr gut temperierte Stimme, einen sachten, angenehmen Tonfall, und er sprach [...] mit einer tief verborgenen Schüchternheit, einer ungemein nervösen Scheu vor jeder Banalität und mit der Behutsamkeit eines Menschen, der keinem anderen wehtun will.« (Oskar Maria Graf, »Über Rainer Maria Rilke.« In: *Frankfurter Hefte* 12, 1951, S. 898).

Rilke wollte aktiv am Geschehen teilnehmen, verfolgte jedoch gleichzeitig den von verschiedenen seiner Förderer, auch von Kippenberg, geäußerten Plan, für einige Zeit in der Schweiz Ruhe zu suchen. Dabei kam es ihm gelegen, daß der Zürcher »Lesezirkel Hottingen« ihn zu einer Lesung im November 1918 eingeladen hatte.

In diese politischen Unruhen und Reisepläne Rilkes traf ein weiteres für ihn bedeutsames Ereignis: Im September 1918 begegnete er der jungen Schauspielerin und Lyrikerin Elya Maria Nevar. Vom 22. September datiert sein erster Brief an sie. Am 2. Oktober besuchte die junge Frau Rilke in seiner Wohnung. Es folgten gemeinsame Spaziergänge, Kirchenbesuche, Lesungen aus ihren Gedichten und aus seinem Werk. Rilke liebte die junge Frau in ihrer unschuldigen, ja naiven Art, die sie lange Zeit ihm gegenüber wahrte. Da ihre Eltern dieser Beziehung äußerst skeptisch gegenüber standen, war Rilke stets darauf bedacht, deren Mißtrauen, Kühle und Ablehnung keinen weiteren Anlaß zu geben. Und doch wurde seine Beziehung zu Elya Maria Nevar mit jedem Tag enger. Im November 1918 sah er sie häufig, brachte ihr Blumen und Gedichte, man schrieb sich fast täglich Briefe.

In dieser durch die Münchner Räterevolution wie durch die abermals starke Beziehung zu einer jungen Frau geprägten Zeit, im Herzen die Sehnsucht nach der ruhigen Schweiz, begegnet Rilke Claire Studer.

Claire Studer, geboren am 29. Oktober 1890 in Nürnberg als Clara Aischmann, hatte 1918 ihr erstes Buch veröffentlicht, den Gedichtband *Mitwelt* in der von Franz Pfemfert edierten Reihe *Der Rote Hahn* des Berliner Aktionsverlages. Zuvor schon hatte sie sich als Verfasserin pazifistischer Beiträge ausgewiesen, die zumeist in Pfemferts »Wochenschrift für Politik, Literatur und Kunst«, *Die Aktion*, aber auch in anderen Berliner und Schweizer Zeitungen erschienen waren. Ihre Aufsätze hatten etwa folgende Themen: »Die Stunde der Frauen« (1917), »Die Pflicht der Frauen« (1918), »Die Frauen und das Reichsjugendwehrgesetz« (1917), »Die Mission der deutschen Frau« (1917), »Das verwüstete Frankreich« (1917), »Ein Schrei aus Belgien« (1917) und »Für Armenien«. Sie erschienen in Schweizer Blättern wie: *Zeit-Echo, Die Friedens-Warte, Die Freie Zeitung, Internationale Rundschau* und *Neue Zürcher Zeitung*. Nach der Scheidung von ihrem ersten Mann, dem Schweizer Verleger Heinrich Studer, den sie 1911 in München geheiratet hatte und von dem sie 1917 geschieden wurde, ging Claire Studer Anfang 1917 nach Genf: einmal, um in der Nähe ihrer kleinen Tochter zu sein, die die Familie Studer ihr nach der Scheidung entzogen hatte, zum anderen, weil sie wegen ihrer pazifistischen Publikationen in Deutschland, das im dritten Kriegsjahr stand, mit Repressalien rechnen mußte. In Genf und gelegentlich auch in Zürich traf sie mit einem Kreis von Schriftstellern zusammen, der aus politischen Gründen aus Frankreich und Deutschland emigriert war und nun in der Schweiz für einen europäischen Frieden kämpfte. Zu ihm gehörten René Schikkele, Stefan Zweig, Carl Sternheim, Franz Werfel, Albert

Ehrenstein, Hermann Hesse, Harry Graf Kessler, Hugo Ball und seine Frau Emmy Hennings, Annette Kolb sowie Romain Rolland, Georges Duhamel, Henri Barbusse, Marcel Martinet und Pierre-Jean Jouve. James Joyce lebte mit seiner Familie bereits seit 1915 im freiwilligen Exil in Zürich.

Weltsehnsucht und Menschheitsglaube, Verbrüderungsgedanke und die Hoffnung auf Frieden stürzten bei diesen idealistischen Menschen ineinander und verwoben sich zu den großen sozialkritischen Dichtungen jener Zeit. Die 1919 von Ludwig Rubiner herausgegebene Sammlung *Kameraden der Menschheit* repräsentiert den Kreis der Schweizer Pazifisten ebenso wie die im gleichen Jahr von Kurt Pinthus edierte Anthologie *Die Menschheitsdämmerung*. Diese Menschheitsdämmerung hatte vor allem in den Werken der einzelnen Autoren eingesetzt: Bereits im Jahre 1915 veröffentlichte Yvan Goll seine Dichtung *Elégies Internationales. Pamphlets contre cette guerre* in Lausanne und das *Requiem. Für die Gefallenen von Europa* in Zürich. 1916 brachte Annette Kolb ihre *Briefe einer Deutschfranzösin* als Zeichen der Verständigung zwischen den Völkern heraus und Henri Barbusse sein *Tagebuch einer Korporalschaft*, betitelt *Das Feuer (Le feu)* als Antikriegsroman. Aus dem Jahr 1917 wurde auch Stefan Georges Dichtung *Der Krieg* zu einem Zeugnis der äußeren und inneren Not der Kriegsgeneration. Diesen Autoren eignet als gemeinsames Anliegen ihrer Werke, daß sie sich im allgemeinen Taumel der Kriegsbegeisterung nüchterne Besonnenheit bewahrten und versuchten, auch ihren Schriftstellerkollegen den Blick für das heillose Kriegsgeschehen zu schärfen. Auch eine 1918 im Verlag Huber in Frauenfeld erschienene Novellensammlung Claire Studers trug zur Bewußtseinsfindung jener Generation bei: Sie trug den Titel *Die Frauen erwachen*. Die Autorin wurde im Verlagsprospekt als »weiblicher Barbusse« angekündigt.

Durch den Schriftsteller Henri Guilbeaux, der ebenfalls 1915 in die Schweiz geflüchtet war und dort seine pazifistische Zeitschrift *Demain* gegründet hatte, lernte Claire Studer im

Februar 1917 den am 29. März 1891 in Saint-Dié-des-Vosges geborenen Dichter Isaac Lang kennen, der sich Iwan Goll nannte und neben den Schweizer Publikationen bereits in Deutschland 1914 die beiden Werke *Films* (*Verse*) im Berliner Verlag der expressionistischen Hefte und *Der Panama-Kanal* im Verlag von Alfred Richard Meyer in Berlin-Wilmersdorf herausgebracht hatte. Sie zogen zusammen nach Lausanne, danach nach Zürich, Ascona und wieder nach Zürich, beide Emigranten, beide Schriftsteller, beide Friedenskämpfer, die die Münchner Novemberrevolution des Jahres 1918 lebhaft begrüßten. Dem gleichen politischen Idealismus huldigte in München auch Rainer Maria Rilke.

Der Waffenstillstand am 11. November 1918 wurde in der Künstlerkolonie Ascona, in der auch Claire Studer und Yvan Goll zeitweilig lebten, enthusiastisch begrüßt. Die meisten Dichter wollten die Schweiz auf dem schnellsten Wege verlassen, um sich in Deutschland und Frankreich pazifistisch zu engagieren. Während Yvan Goll sich dennoch zum vorläufigen Verbleiben in der Schweiz entschied, plante Claire Studer, die Verhältnisse in München zu prüfen. Dabei wollte sie sich einen lange gehegten Wunsch erfüllen: eine persönliche Begegnung mit dem Dichter Rilke, von dem sie seit ihrer Jugend schwärmte und dem sie im Sommer 1918 ihren ersten Gedichtband *Mitwelt* geschickt hatte.

Gleich nach ihrer Ankunft in München, kurz nach dem Waffenstillstand, sandte sie ihm aus dem Hotel eine Nachricht. Am 17. November 1918 erhielt sie einen Brief, in dem es hieß: »Verehrte Frau, es ist ein Moment, da mir die schweizer Grüße, die ich durch Sie empfangen darf, ganz besonderes Wohlthun bereiten werden; ... Ich bin, seit lange, ein Freund Ihrer Gedichte: so hat mich schon Ihre frühere Sendung der *Mitwelt* nahe berührt, aber es lag an den Umständen der Zeit, daß mein wirklich gefühlter Dank nicht zur Aussprache kam. Gestern war es leider zu spät geworden, ... [ich] wäre aber umso froher, Sie heute bei mir erwarten zu dürfen ...«.

Über ihre erste Begegnung haben sich beide später geäußert: Rilke bereits in einem Brief des folgenden Tages an »Liliane«, wie er sie von nun an nannte: »... selbstverständlich gehorche ich der schwarzen Madonna und Ihnen, Liliane Studer; es steht bei Ihnen, mir morgen die Stellen in Ihrem Buche zu bezeichnen, die ich später werde aufschlagen dürfen ... Schön, wenn einmal so ein Herz über einem aufgeht, gar nicht erst in seinem ersten Viertel, gleich wie der ganze Mond in seiner vollkommensten Nacht –, nein, mehr: den[n] völlig ohne eine abgewendete Seite.« Claire Studers Erinnerung an ihre erste Begegnung mit dem Dichter erschien am 7. Februar 1927, nur wenige Wochen nach seinem Tod am 29. Dezember 1926, in der Zeitschrift *Les Nouvelles Littéraires* (Paris): »Rilke bewohnte ein großes Atelier, dessen riesiges Fenster auf den Glockenturm einer Kirche hinausging: auch hier war der Dichter ein Nachbar Gottes ... Als ich das Zimmer betrat, stand Rilke schreibend an einem hohen Pult, das viel eher für einen Archivar bestimmt schien, als für einen Dichter ... Kein einziges Bild hing an der Wand. Wenige Möbel und Truhen waren da, wie in der Zelle eines Einsiedlers. Aber aus einer Biedermeiervitrine äugten mich Tiere aus böhmischem Glas an, und in ihrem Blick wob die Legende. Rilke war ganz schmal, fast körperlos. Von fern hätte man ihn für einen Kadetten in Zivil halten mögen, aber je näher er kam, desto größer wurde seine Stirn, und in zwei von unirdischem Glanz erfüllten Augen zuckte der Strahl der Genialität. Mir wurde es bange vor diesem Erzengel im Jackett. Aber das leise Lächeln seiner vollen und sinnlichen Lippen milderte meine große Erschütterung.«

Aus dieser frühen Zeit der Beziehung zwischen Rilke und Claire Studer sind nur Rilkes Briefe erhalten, doch zeigen auch sie in ihrer Verhaltenheit, daß es bald nicht mehr bei der Freundschaft blieb. Am 25. November 1918, eine Woche nach der ersten Begegnung, erhält Liliane eine Orchidee mit den Worten: »Gestern, Liliane, gestern hab ich mich ungemein zur Wehr gesetzt –, und war doch so froh, als Deine

Stimme (die im Telephon nah und unentstellt klang) das Schweigen brach. Dafür laß uns morgen den ganzen Tag – von ¹/₂ 12 an – einander gehören, so daß Du auch das Mittagessen mit mir einnimmst – ja?« In diesen Wochen wohnte Claire Studer zunächst im Regina Palast Hotel am Maximiliansplatz, danach bei Alfred Wolfenstein und seiner Frau Henriette Hardenberg, »und dann bei Rilke«, wie die über Achtzigjährige in der Erinnerung einst melancholisch lächelnd gestand. Aus diesen Novembertagen voller Leidenschaft ist Rilkes Gedicht »Die Geschwister« (bereits 1913 in Paris entstanden) in der Korrespondenz erhalten geblieben, das er für die Freundin abschrieb. Er widmete es ihr mit den Worten: »Der glücklichen Liliane aus den Papieren des gestrigen Abends.«

Über Rilkes Beziehung zu Frauen ist viel geschrieben worden. Seine Äußerungen reichen über die krasse Verurteilung »Sie können ja nicht wissen, wie wenig Müh, im Grunde, ich mir mit ihnen gebe, und welcher Rücksichtslosigkeit ich fähig bin« bis hin zu resignierenden Einsichten wie dieser, seine Beziehung zu der Malerin Loulou Albert-Lazard betreffend: »Ich habe ihr im Ganzen nichts Gutes gebracht, nach ersten freudigen Wochen des Gebens und Hoffens ... das meiste zurückgenommen, alle die Widerrufe meines im Menschlichen so rasch gehemmten Herzens, und nun ist's klar geworden zwischen uns, daß ich nicht helfen kann und daß mir nicht zu helfen ist« (am 9. März 1915 an Lou Andreas-Salomé). Immer wieder hatte Rilke in der leidenschaftlichen Zuwendung zu Frauen seine Gefühle offenbart, er brauchte die Frauen, wie er sie gebrauchte, ohne daß es je zu einer inneren Harmonie dieser Verhältnisse gekommen wäre, – wenn wir seine drei Jahrzehnte währende Bindung zu Lou Andreas-Salomé ausnehmen. 1927 bemerkte Claire Goll dazu: »Er, der die äußerste Freiheit des Dichters verlangt, duldet nicht, daß eine Frau sein Schicksal wird. Er zieht die Frauen an und lehnt sie zugleich ab. Die beschwörendste Einladung enthält schon die Abwehr, denn es war in ihm ebenso viel vom Mönch wie vom Verführer.« Sie selbst sollte bald jenen Zwiespalt zu spüren bekommen: Nach Tagen, vielleicht zwei, drei Wochen vertrauter Gemeinsamkeit reiste Claire Studer nach Berlin weiter, im Herzen den Konflikt ihrer Liebe zu Yvan Goll und ihrer Leidenschaft zu Rilke. In Berlin sah sie Professor Emil Gumbel, Franz Pfemfert, Albert Einstein, Franz Blei und Theodor Tagger, im berühmten »Café des Westens« dann »die gesamte deutsche ›Intelligentsia‹«. Auch ihre Freundin, die Schauspielerin Elisabeth Bergner, sah sie wieder.

Auch an Rilke ist die Begegnung nicht spurlos vorübergegangen. Am 29. Dezember 1918 schreibt er an Liliane: »Siehst Du, siehst Du, so unüberwindlich ist mir das Schriftliche, daß ich's nicht einmal über mich bringe, zu schreiben: Liliane –, ob ich gleich kein weißes Blatt vor mich legen kann, ohne daß Dein Feuerschein drüberfällt. Hab ich denn so Helles in Dir angefacht? Solchen Herz-Brand? ... Wenn ich abends im Dunkel, an ganz gestreckten Armen die flachen Hände öffne, so entsteht oben an ihnen das Gefühl von Deinem spanischen Tuch. Und immer mehr glaub ich, daß dieses Tuch nichts anderes ist, als ein Zauber, in dem eine Berührung Deines Leibes mit einer Nacht sich plötzlich, als ein Geweb, schwermüthig und zärtlich, erhalten hat.«

Mitte Januar 1919 kehrte Claire Studer in die Schweiz und damit zu Yvan Goll zurück, ohne Rilke noch einmal gesehen zu haben. Am 11. Juni reiste er ebenfalls in die Schweiz, die ihm bis zu seinem Lebensende Wahlheimat werden sollte. Doch seine äußere Ruhelosigkeit hielt an: Zürich, Genf und Bern waren die Stationen seiner wechselnden Aufenthalte. Claire Studer und Yvan Goll lebten bis Ende August 1919 in Ascona, danach in Zürich. Ihre literarischen Werke erschienen in fast ununterbrochener Folge in München, Berlin, Paris und Genf.

Einen gewichtigen Anteil in der Korrespondenz der Jahre 1919 und 1920 haben bei Rilke und Claire Studer immer wieder beider Werke. Unveröffentlichte Gedichte werden ausgetauscht, besuchte Kunstausstellungen beschrieben. Rilke, der sich schon in München und dann in Schweizer Bergorten wie Soglio vom literarischen Leben abgeschnitten fühlte, bat Claire ab und zu um französische Neuerscheinungen. Anfang März 1919 dankte er ihr für neue Lektüre: »Dabei habe ich Dir für viele Sendungen zu danken: für diese rein entschlossenen Bücher Iwan Golls vor Allem; Duhamel und Elie Faure konnte ich jetzt nicht lesen, [...] heute kam sogar, vom Basler Kunstverein, der Katalog der Rodin-Ausstellung: auch noch eine Folge Deines für-mich-Unermüdlich-seins [...] Um konsequent unbescheiden zu sein, würd ich Dir gern zumuthen, mir auch noch den neuen Maeterlinck (von 1917) *L'Hôte Inconnu* zu verschaffen: willst Du? [...] ja, und Deinen Shawl, der bei mir aufbewahrt ist: ich hab es als ein Fest begangen, daß er nicht verloren ist.« Nicht immer ist von geistigen Dingen die Rede, sondern von Ereignissen des Alltags. Rilkes Brief vom 9. März 1919 enthält eine der ganz wenigen Äußerungen über seine persönliche Situation: »Meine Thür ist immerzu verschlossen, ich lebe mit einigen großen Büchern, wenn auch nicht in *meinem* Geiste, so doch in der Besinnung einiger merkwürdiger Menschen, auf die mein Inneres sich beziehen läßt.«

Mit Yvan Goll pflegte Rilke vorsichtig-freundschaftlichen Kontakt. Im Frühjahr 1919 fragte er bei Claire Studer an: »Hat Iwan Goll Mallarmé's ›Eventail de Mlle Mallarmé‹ übersetzt, an dem ich mich hier versucht habe? Würde er seine Übertragung gegen die meine austauschen mögen? – Schlag es ihm vor.« Dem Brief lagen die ersten vier Strophen des Mallarmé'schen Gedichts bei, das ein Jahr später in Kippenbergs *Inselschiff* (1. Jahrgang, Heft 5) erschien. Von Goll dagegen hat sich keine Übertragung des Gedichts erhalten. Da Goll und Rilke niemals Briefe wechselten, ist Golls Reaktion auf Rilkes Anfrage nicht bekannt geworden.

Vom 29. Juli bis 21. September 1919 erholte Rilke sich in Soglio im Bergell. Am 23. Juli war er mit Claire Studer und Yvan Goll in Zürich zusammengetroffen. Vom 24. Juli 1919 datiert der erste erhaltene Brief Claire Studers an den Freund, geschrieben unter dem unmittelbaren Eindruck seines Besuches. »Ich möchte das fremde Zimmer ein wenig anwärmen. Möchte etwas Rot auflegen an den Wänden vor Deiner Ankunft. Möchte doch kein Regen in Deine Seele fallen! Nur immer Sonne in Deine edelsteinernen Augen! Ich wünsche Dir eine tausendjährige Einsamkeit! Und viele blaue Freundschaften mit Eidechsen. Ach, es gibt ja nichts, was ich *Dir* nicht wünschte. Die Arme tun mir weh von all den zurückgehaltenen Zärtlichkeiten gestern. – Darf ich Dir alle Gedichte schenken? Deinen leuchtenden Namen ihnen allen voransetzen? O Seligkeit, daß Du bist!« Rilkes Antwort blieb nicht lange aus: Am 5. August 1919 versuchte er vorsichtig formulierend den Ansturm der Leidenschaft abzuwehren und dennoch die Freundschaft aufrechtzuerhalten: »Liliane, Du herzlich Dichtende, ich habe heute Deine Gedichte gelesen, die aus Begeisterung hervorgehen, alle, aus einer Begeisterung Deines ganzen Körpers und Daseins, [...] Aber besser ists dafür, Du schreibst meinen Namen *nicht* davor und schenkst mir nicht so viel [...] Verstehs: ich seh meinen Namen so ungern irgendwo stehen, allein, irgendetwas vorstellend; er soll höchstens am Rande einer meinigen Arbeit, handwerklich, vorkommen. Dort, mit kleinem, aber guten Bewußtsein [...] Sag [Iwan Goll] Dank und die allerherzlichsten Grüße. Wie war es gut, mit Euch zu sein, in dem hohen Atelier, noch immer freuts mich, sooft mir einfällt, daß das mein Abschluß in Zürich war.«

Am 8. August 1919 geht ein zweiter Brief von Zürich nach Soglio. Er beweist, daß Claire Studer ihre Gefühle für Goll und für Rilke zu teilen gelernt hat, wenn auch auf die ihr eigene Art: »O Rainer, wie glücklich bin ich, daß Du es dort so gut hast! Soviel Ruhe in Deinem Brief! [...] Liliane neigt sich ihrem Halbgott. Goll liebt Dich jetzt gemeinsam mit mir ...« Der seit Claire Studers Münchner Aufenthalt schwelende Konflikt zwischen Rilke und Goll um die gemeinsame Freundin mag nach Rilkes Besuch in Zürich und der persönlichen Begegnung seine Direktheit verloren haben. Niemand der drei Beteiligten hat sich je darüber geäußert, doch ist aus dem späteren Briefwechsel zwischen dem Ehepaar Goll abzulesen, daß Yvan seiner Frau die Verbindung zu Rilke nie ganz verzieh. Jedenfalls vermieden Rilke und Goll den engeren Kontakt.

Ende Oktober 1919 ist Rilke auf Einladung des »Lesezirkels Hottingen« in Zürich. Es ist nicht sicher, ob Claire Studer und vielleicht auch Yvan Goll an der Lesung teilgenommen haben. Am 31. Oktober erreichte Rilke in seinem Hotel eine kurze Notiz Lilianes: »[...] Morgen fahren wir. Allerseelen – Paris! – So hole ich jetzt nach, küsse Deine Hände und das Geheimnis Deiner Augen, Deiner Liebegottaugen. [...] Und bleibe so herrlich und unendlich wie jetzt.« Aus dem Zug Zürich – Paris schrieb Yvan Goll am 1. November 1919 an seinen Freund Walter Rheiner über seine Beziehung zu Claire Studer: »Mein (zweites) Kind ist Claire selbst, der ich Amme, Vater, Mann und Bruder bin.«

Paris und Muzot

Rilke war nach der anstrengenden Vortragsreise des Herbstes 1919/20, die ihn nach Zürich noch nach St. Gallen, Luzern Basel, Bern und Winterthur geführt hatte, in Locarno und in Basel geblieben. In Paris mußten Claire Studer und Yvan Goll um ihre Existenz kämpfen. In einem Hotel in der Rue Pigalle am Montmartre bewohnten sie monatelang zwei kleine Zimmer. Beide übernahmen Übersetzungsarbeiten, Yvan Goll dazu noch die Pariser Vertretung des Rhein Verlags in Basel. Als das Jahr 1919 zu Ende geht, umgibt Claire Hoffnungslosigkeit: »Ich kann Dir nichts schreiben, Rainer, Paris erwürgt mich. Paris geht unter. Tango und Kitsch liegen auf den großen Jahrhunderten. Einige Male bin ich nach Campagne Première gewallfahrtet. Geträumt vor dem Haus, das Du und Malte bewohnten [...] Immer, wenn ich traurig bin, denk ich, daß es so etwas Köstliches gibt wie Dich.«

Im Frühjahr erst klingt aus Claire Studers Briefen wieder Zuversicht; »Stadt und Menschen sind unausschöpflich. Anfangs litt ich an Paris und jetzt bin ich ganz verwurzelt.« Vier Tage später, am 20. April 1920, fügte sie hinzu: »[Marie Laurencin] ... erzählte mir auch von Dir. Und wie Du von Paris träumst. Sie und ich würden Dir hier eine Wohnung suchen – wenn Du kämst [...] wir würden Dir einen Palast suchen.« Am 2. Mai antwortete Rilke auf dieses Anerbieten. Sein Brief ist aus Furcht vor der deutschen Briefkontrolle in Französisch geschrieben. In bitterer Melancholie meinte er, er werde wahrscheinlich in dem von Claire Studer und ihrer Malerfreundin offerierten Palast vor Hunger sterben. Noch einmal legte er am 7. Mai die Gründe dar, warum er die ersehnte Reise nach Paris doch nicht wagen könnte: »Die Unbeweglichkeit und Unrührbarkeit der Umstände ist ja von hier aus abzusehen, ich habe nicht gehofft, daß Du mir die Thore von Paris öffnen könntest. [...] Daß Ihr selber, nach einiger Gefahr, Euch dort halten und befestigen könnt, ist ein Sieg Eueres Jungseins, Euerer Herzen, Euerer Überzeugung.«

Es ist schwer, die Gründe zu erkennen, die gerade in diesem Augenblick zu einer tiefen Verstimmung zwischen Claire Studer und Rilke führen. Nach seinem Brief vom 7. Mai 1920 tritt ein dreijähriges Schweigen zwischen beiden ein. Auch aufheiternde, versöhnende Worte Claires vom 11. Juli 1920 bringen keine Wende: »Bist Du wieder in München?« fragte Claire verwundert, »Ist es nicht eine zu enge Stadt geworden? Sind dort die Menschen nicht 3 cm kleiner wie wo anders? Und diese robuste, königl. bayer. Alpenluft, die von dorther weht!« Rilkes Verstimmung schien auch noch angehalten zu haben, als im Herbst 1920 sein lange gehegter Wunsch in Erfüllung ging: Am 22. Oktober reiste er von Basel aus für eine Woche nach Paris. Es gibt heute keine deutlichen Zeugnisse mehr dafür, daß Rilke und Claire Studer sich dort gesehen haben. Rilke lebte in der Anonymität des Hotel Foyot am Jardin du Luxembourg, ohne die gesellschaftlichen Fäden seiner Pariser Frühzeit wieder aufzunehmen. Am 27. Oktober 1920, zwei Tage vor seiner Rückreise in die Schweiz, berichtete er Gräfin Marie-Therese Mirbach-Geldern: »Was soll ich sagen, es ist vollkommen, vollkommen gut; ich empfinde zum ersten Mal seit den entsetzlichen Jahren, wieder Kontinuität meines Daseins, auf die ich schon verzichten wollte ... Aber hier, hier: la même intensité, la même justesse même dans le mal – – –: ganz unabhängig vom politischen Gedräng und Gemächte, ist alles im Großen geblieben, drängt, treibt, glüht, schimmert: Oktober-Tage. Sie kennen sie. Dürft ich hier bleiben, ich würde morgen mein Leben haben, alle seine Gefahren, alle seine Seligkeiten: mein ganzes Leben: ma vie, depuis toujours mienne ...« (*Br. 14/21*, S. 323).

Am 30. Oktober reiste Rilke in die Schweiz zurück. Von November 1920 bis Mai 1921 lebte er auf Schloß Berg am Irchel, das ihm von Freunden zur Verfügung gestellt worden war. Auf einer Reise durch das Wallis im Sommer 1921 fand er endlich »seinen Thurm«, das Château de Muzot bei Sierre, das noch im Juli 1921 zu seiner endgültigen Heimat werden sollte. In den folgenden drei Jahren vollendete er dort seine bedeutendsten Werke: die *Duineser Elegien* und *Die Sonette an Orpheus*. In diesen drei Jahren erlebte Rilke auch die enge Freundschaft zu »Merline«, der Malerin Baladine Klossowska, die Muzot mit ihm gefunden und für ihn eingerichtet hatte und dann häufig sein Gast dort war. In diesen drei Jahren traten auch erste Anzeichen seiner Krankheit auf.

Claire Studer und Yvan Goll hatten im Juli 1921 in Paris geheiratet und erlebten die turbulente Zeit der sogenannten »Ismen«: des ausgehenden Expressionismus, des Surrealismus, des Futurismus, des Kubismus. Goll arbeitete an mehreren surrealistischen Zeitschriften mit, in schneller Folge erschienen in Berlin und Paris seine Dramen. Claire Goll schrieb für Berliner und Pariser Zeitschriften Mode- und Filmbeiträge.

Ein Zufall beendete das Schweigen zwischen Rilke und Claire Goll. Anfang März 1923 schrieb sie ihm nach Muzot:

»Kürzlich – nachdem ich schon vor Monaten Kiepenheuer umsonst um Deine Adresse gebeten – ist Maurice Betz bei uns zum Thee. Wir brechen in gemeinsame Begeisterung über Dich aus und es stellt sich heraus, daß er Dich [...] übersetzt! Erzähl mir bald von Dir [...] laß Dein 3jähriges Schweigen Strafe genug sein für jenes Mißverständnis, das ich kindisch hervorrief. Es hat mich sehr arm gemacht.« Mit offensichtlicher Erleichterung nahm Rilke diesen Brief auf. Am 11. April 1923 antwortete er: »... ja, ich wünsche sehr, *sehr*, Dich mit diesem Blatte zu erreichen –, denn ich hätte viel Schweigen gut zu machen [...] Denn daß mein Schweigen so vorhalten konnte, lag *nur* an diesem Ergriffensein durch die Arbeit; nie hab ich so ungeheure Stürme des Ergriffenwerdens durchgemacht, ich war ein Element, Liliane, und konnte Alles, was eben Elemente können.« Claires Antwort gipfelte in dem Satz: »Nein, ich verstehe, daß Du mir nicht schreiben konntest während Dich Gott berührte.«

Die Beziehung zwischen Rilke und Claire Goll hat sich gewandelt: Die Leidenschaft ist gewichen und hat einer gegenseitigen Verehrung Platz gemacht. Claire hat in ihrer Ehe mit Yvan Goll jene innere Sicherheit gefunden, die sie in ihrer ersten Ehe vergeblich gesucht hatte. Ihr Name als Autorin des Expressionismus ist anerkannt. Aus dieser Position heraus wandelt sich ihr Rilkebild von der Gestalt des Geliebten zu der des Vaters hin, wenn sie Rilke am 2. Juli 1923 schreibt: »Ich bitte Dich wie ein Kind: schick mir einen Brief.« Rilke nimmt die ihm angetragene »Vaterrolle« an, wenn er ihr ein Exemplar der *Duineser Elegien* mit den Worten sendet: »Du reiches Kind, mit den trotzdem hergestreckten Händen, Du bewegliche Dichterin Deiner selbst, – [...] Hör: die ›Elegien‹! Es giebt sie vor der Hand nur in einer ›Vorzugs-Ausgabe‹, von der viel zu bekommen, ich nicht den Vorzug habe [...] Aber eines davon, Liliane, ist Deines [...] Und nun nimm's zu Herzen.« Claire Golls Dankbrief vom 4. August 1923 zeigt sich in seinem expressionistisch bunt gefärbten Ausdruck den Texten der Lasker-Schüler verwandt: »Du hast mich königlich beschenkt; denn Du hast mich bis ins Herz erschüttert, Rainer. [...] Wie strömt doch alles was Dein unsterbliches Wort berührt, zurück zum Weltraum, dem es entsprang! – [...] Wie soll ich Dir danken? Alles was mein Herz hier gesammelt hat: Mimosen, Falter, Seesterne, das blaue Gefühl des Meeres, Geheimnisse seiner Muscheln und Steine und die Ewigkeit, die mir der Seewind schenkte, schenke ich Dir.« Als Gruß zum Weihnachtsfest 1923 erhält er von Claire ihr handschriftlich geschriebenes Gedicht »Le Boulevard Nostalgique« mit der Widmung: »Von Liliane, die an Rilke denkt, wie man an Gott denkt.«

Rilke schwieg auf diese Worte. Vom 28. November 1923 bis 20. Januar 1924 lebte er im Sanatorium Val-Mont bei Montreux. Anfang Februar 1924 sandte er der Freundin ein kleines handgebundenes Buch mit sieben eigenen, unveröffentlichten Gedichten in französischer Sprache, das zwei Jahre später erstmals unter dem Titel *Vergers* im Verlag der renommierten Zeitschrift *Nouvelle Revue Française* in Paris veröffentlicht wurde. Claire Goll dankte am 15. Februar 1924: »Zuerst freute ich mich lange an deiner Schrift; denn weißt Du, ich habe deine Schrift so lieb [...] Aber dann war ich traurig Dich krank zu wissen. Wie gerne hätte ich Dich gepflegt. Wie leidenschaftlich gerne; aber Du willst nun einmal nicht von meiner Liebe Gebrauch machen! [...] Deine Gedichte [...] haben einen Liebhaberwert oder vielmehr einen Liebhaberinnenwert. Denn [...] alles was von Dir kommt wandert direkt in mein Herz und wird in der zweiten Schublade der rechten Kammer, wo alle Heiligtümer liegen, aufbewahrt. [...] Wie magst Du jetzt aussehen? Bist Du noch immer so schön? [...] Die Bitte einer Gymnasiastin: Ich möchte Dein Bild. [...] Du kannst auch meins haben; aber ich sehe nur aus wie eine kleine Französin, während Du wie Rilke aussiehst.« Dieser Brief voll jugendlichen Überschwangs blieb eine Zeitlang unbeantwortet. Mit der fortschreitenden Zeit mag bei Rilke eine Entfremdung der Freundin gegenüber eingetreten sein.

Im Sommer 1924 äußerte Claire Goll den Wunsch, auf einer Reise nach Italien den Freund auf Muzot zu besuchen. Mit seiner Einladung sprach Rilke gewisse vorsichtige Bedenken aus: »Je suis seul; et je serais tout heureux, ma petite Liliane, de te montrer ma vieille tour et mes cent roses [...], seulement je crois, daß Du *nur* kommen sollst, wenn Du irrst, wenn es *kein* Schicksal ist, das ich Dir, wie ich auch sei, ›auferlege‹. Sonst wärs ja ein Betrübnis sich wiederzusehen, statt einer Freude ...«. Claire Goll äußerte auf diese Bedenken Rilkes am 15. Juni 1924: »Als ob ich Dir anderes mitbringen wollte, als Freude, Rainer! Ängstigt Dich das Wort ›Schicksal‹, dann nehm ich es zurück. Und seit ich weiß, daß ich Dich wiederhören darf, hat ja auch alle Qual ein Ende.« Die Begegnung kam nicht zustande. Noch am 15. August hatte Rilke bekannt: »Que je me réjouis à l'idée de te revoir bientôt!« Doch der Sommer endete mit einem Mißklang, über den Rilke am 4. Oktober 1924 an Nanny Wunderly-Volkart resigniert schrieb: »Heuer sind Sommer und Herbst wie riesige Spiegel, durch die ein Sprung gegangen ist.« (*BrWunderly*, S. 1023).

Wiedersehen in Paris

Im November 1924 mußte Rilke sich erneut in das Sanatorium Val-Mont bei Montreux begeben. Zu Weihnachten erreichte ihn ein schriftlicher Gruß von Claire Goll aus Megève in Savoyen, der sich jedoch nicht erhalten hat. Noch während seiner Zeit in Val-Mont entschloß Rilke sich zu einem ungewöhnlichen Schritt: Er reiste am 7. Januar 1925 nach Paris, ohne zuvor noch einmal Muzot aufgesucht zu haben. Wieder stieg er im Hotel Foyot in der Rue de Tournon ab. Dieser letzte Aufenthalt in Paris sollte acht Monate dauern. Er ist später oft als Flucht vor der tödlichen Krankheit gedeutet worden.

Paris brachte dem schon weltfremden und menschenscheuen Dichter noch einmal die Begegnung mit der Welt, mit der Pariser Gesellschaft, und das in einem Maße, das er früher selbst niemals zugelassen hätte. An die Fürstin Marie von Thurn und Taxis schrieb er am 3. Februar 1925: »Ich sah und sehe täglich ein ganzes Personenverzeichnis, ausreichend für fünf Akte.« (*BrfwRilke/Taxis*, S. 819)

Seinen ersten Gruß aus Paris an Claire Goll richtete Rilke erst am 20. Februar 1925. In einem französisch geschriebenen »Pneumatique« bat er sie, sein langes Schweigen seit seiner Ankunft im Januar zu verzeihen, das er vorerst nur durch seinen schlechten Gesundheitszustand erklären könnte. Ein zweiter Brief folgte rasch, an seinem Schluß die Worte: »Au revoir, Liliane, enfin!« Eine Woche später fand das erste Wiedersehen seit 1919 statt. Über diese Begegnung gibt es keine unmittelbare schriftliche Äußerung, doch spricht Claires Brief aus dem April 1925 eine deutliche Sprache: »Nun hab ich schon vier Wochen von der Begegnung mit Dir gelebt. Ist man doch so beschenkt, wenn man Dich nur ansieht, geschweige wenn man Dich hört! […] Der Frühling und Du sind in Paris! […] Ach, sei gütig, komm doch, bring mir nur auf eine Stunde Deine Hand mit, damit ich sie anbeten kann. Denn um Dich selbst anzubeten, bräuchte ich ein ganzes Leben; Du weißt es ja, daß ich seit 8 Jahren noch nicht wagte zu erfahren ob Du es bist oder der liebe Gott.«

Wieder einmal reagierte Rilke auf diesen Brief mit Schweigen. Ende Juni 1925 zeigte Claire Goll offen ihre Enttäuschung: »[…] Du willst ja schon fast verschollen für mich sein. Wenn es Dir nur immer gut geht. Ich hörte oft von gemeinsamen Freunden von Dir aber es war immer eine Drehtüre da: Du warst stets gerade hinausgegangen, wenn ich hereinkam, sagten sie.« Rilkes Antwort kam drei Tage später: »Liliane, Du weißt es selbst, nichts ist schwerer aufzuklären, als ein Schweigen, das sich einem mehr und mehr von innen her auferlegt; hier hat alles nach und nach dazu beigetragen, das meine zu verdichten, nicht nur gegen Dich zu, überhaupt.« Was Rilke hier nicht offen ausspracht, ist dennoch zu lesen: Sein Gesundheitszustand erforderte, daß er immer häufiger in der Einsamkeit seines Hotelzimmers blieb. Rückkehrgedanken in die Schweiz stellten sich ein. Bevor er am 18. August 1925 Paris endgültig verließ – ebenso überstürzt und hastig, wie er es im Januar aufgesucht hatte – verabredete er sich noch einmal mit Claire im Jardin du Luxembourg. Nachdem sie ihn aber verfehlt hatte, fragte er sie am 6. August scheinbar zürnend: »Schade, Liliane, und hast Dir nicht die Augen verbinden lassen, um mich im Luxembourg finden zu gehen?«

Claire antwortete dem Freund am nächsten Tag in der ihr eigenen Art: »Ach, ich habe Dich im Luxembourg gesucht, Rainer, aber schon lange gehöre ich nicht mehr zu den Finderinnen.« Daß das geplante Wiedersehen doch noch stattfand, bezeugt ihr Brief vom 2. September 1925 – ihr letzter erhaltener Brief an Rilke – nach Muzot: »Ach wenn Du wüßtest [...] wie traurig ich darüber bin, daß wir uns gerade in einem Augenblick wiedersahen, da der Körper seine Müdigkeit auch auf das Gefühl übertrug. Seelisch abgemagert. [...] Dann werfe ich mir vor, daß ich viel zu wenig und nicht mit genügend Ehrfurcht Deine Hände geküßt habe. Aber so schwach wie Du warst, wolltest Du doch nur eine ganz kleine Dosis meiner Verehrung zu Dir nehmen! [...] Ich bete für deine Gesundheit, Liliane.«

Unterbrochen von Aufenthalten in Sanatorien folgt ein letzter ruhiger, bisweilen sogar arbeitsreicher Sommer auf Muzot.

Dem akuten Ausbruch seiner Todeskrankheit haftet etwas Mystisch-Verklärendes an: Im Herbst 1926 verletzte Rilke sich beim Rosenschneiden in seinem Garten so heftig an den Dornen, daß er bald an einer Infektion erkrankte. Am 30. November suchte er erneut, zum letzten Mal, Val-Mont auf. Er starb dort am 29. Dezember 1926 an akuter Leukämie und wurde am 2. Januar 1927 an der Außenmauer der kleinen Kirche von Raron im Wallis in einem Grab »auf ewige Zeiten« beerdigt. Bittere Ironie des Schicksals, daß ein Vierteljahrhundert nach Rainer Maria Rilke auch Yvan Goll derselben Krankheit erlag. Claire Goll starb am 30. Mai 1977 in Paris und ruht auf dem Friedhof Père Lachaise im Ewigkeitsgrab neben ihrem Mann, gegenüber der Grabstätte von Frédéric Chopin.

Bielefeld, im Januar 2000   *Barbara Glauert-Hesse*

Gedichtregister

Gedichte von Rainer Maria Rilke:

»à Liliane«
  Ce soir mon coeur fait chanter *51*
  Combien a-t-on fait aux fleurs *53*
  De quelle attente, de quel / regret *52*
  Lampe du soir, ma calme confidente *51*
  Qu'est-ce que les Rois Mages *52*
  Sur le soupir de l'amie *53*
  Tous vous dire serait trop long *52*
Ah moi à mon Tour *39*
Die Geschwister *9*

Gedichte von Claire Studer:

»Fünf Gedichte An Rilke geschickt«
  Dass Vögel sind … *23*
  Die Rechner *22*
  Die Schlaflosen *20*
  Die Zerstörten *20*
  Zwölfuhr-Gedicht *21*
Gefühle. Verse von Claire Studer.
  Alternde Mädchen *108*
  Armes Kind *111*
  Aufruf an die Frauen *116*
  Das Kind *96*
  Der Erwachsene *97*
  Die Blinden *106*
  Die Bucklige *110*
  Die Irren *99*
  Die Mutter *95*
  Die Neue Frau *115*
  Die Schläferinnen *113*
  Die Strahlende *100*
  Die untergehende Stadt *101*
  Die Verlassenen *94*
  Die Welkenden *112*
  Ehebrecherinnen *114*
  Entwertung *119*
  Entzweiung *104*
  Erneuerung *105*
  Grossstadtmorgen *103*
  Junge Menschen im Abend *109*
  Meine Geschwister *98*
  Menschlicher Abend *102*
  Programm *118*
  Schwestern *117*
  Wache Nacht *93*
  Waisen *107*
Le boulevard nostalgique *47*

Giuliano Cassiani:

Der Raub der Proserpina *12*
Il ratto di Proserpina *13*

Stéphane Mallarmé:

Eventail de Mademoiselle Mallarmé *15*
Fächer von Mademoiselle Mallarmé *14*

Namenregister

Aischmann, Clara = Goll, Claire
Aischmann, Josef (1852-1923) *170*
Albert-Lazard, Loulou (1891-1969) *183, 184, 186, 194*
Alcoforado, Marianna (1640-1723) *84*
Andreas-Salomé, Louise (Lou) (1861-1937) *87, 145, 154, 174, 182, 183, 185, 194*
Arco-Valley, Anton Graf von *139*
Arnim, Bettina von (1788-1859) *25, 84, 154*
Assisi, Franziskus von *86*
Aubert, G. *173*
Avila, Therese von *84*

Baladine: s. Klossowska, Baladine
Ball, Emmy: s. Hennings, Emmy
Ball, Hugo (1886-1927) *191*
Barbusse, Henri (1873-1935) *12, 30, 142, 157, 191*
Barrett-Browning, Elizabeth (1806-1861) *38, 84, 167, 170*
Bassiano, Fürstin Marguerite *179*
Baumann, Helmut *160*
Baumgartner, Frida (1895-1979) *176*
Bazalgette, Léon (1873-1929) *24, 152*
Benedikt XV (Papst) (1854-1922) *10, 141*

Bergner, Elisabeth (1897-1986) *17, 69, 138, 139, 148, 149, 150, 180, 195*
Betz, Maurice (1898-1946) *35, 164, 168, 178, 181, 182, 183, 184, 201*
Bielitz, Lotte *147*
Blei, Franz (1871-1942) *195*
Blumenthal, Bernhard *160*
Bodmer, Hans *139*
Bödecker, Matthias *138*
Borisowna, Sophie: s. Liebknecht, Sophie
Briod, Blaise *172*
Briod, Monique *172*
Browning, Elizabeth: s. Barrett-Browning, Elizabeth
Budry, Paul *30, 32, 35, 157, 164*
Buonarrotti, Michelangelo (1475-1564) *12, 142, 143*
Burckhardt, Carl J. (1891-1974) *153, 167, 183*
Burckhardt-Schazmann, Hélène (1872-1949) *153*
Burschell, Friedrich (1889-1970) *13, 14, 136, 143, 144*

Carossa, Hans (1878-1975) *136, 186*
Cassani, Albertine *145, 148, 150*
Cassiani, Giuliano (1712-1778) *12, 13, 143*
Cassou, Jean (1897-) *184*

Cattaui, Georges 160
Chelminska, Hela de 168
Chopin, Frédéric (1810-1849) 206
Copeau, Jacques (1879-1949) 155
Däubler, Theodor (1876-1934) 143
Delp, Ellen 168, 186
Dobrčensky, Mary Gräfin (1889-1970) 168
Duhamel, Georges (1884-1966) 10, 140, 142, 191, 196
Duse, Eleonara (1859-1924) 86

Ehrenstein, Albert (1886-1950) 138, 191
Einstein, Albert (1879-1955) 139, 195
Eisner, Kurt (1867-1919) 137, 139
Fähndrich, Alice (1857-1908) 167
Faure, Elie (1873-1937) 10, 140, 196
Feist, Hans 154
Feuchtwanger, Marta (1891-1987) 139
Frank, Leonhard (1882-1961) 30, 156
Freyhold, Edmund von 168
Fritzsche-Rilke, Ruth (1901-1972) 124, 132, 161

George, Stefan (1868-1933) 191
Germain, André (1881-1971) 30, 156, 157

Gide, André (1869-1951) 29, 32, 33, 35, 155, 156, 157, 158, 161, 164, 178, 181
G[laessner], Ella 87
Goethe, Johann Wolfgang 43, 84
Goll, Ivan [auch: Iwan, Yvan] (1891-1950) 10, 14, 17, 19, 24, 27-33, 37, 123, 131, 133, 138, 139, 140-142, 144, 145, 148, 149, 151-154, 156, 157, 159, 160-166, 173, 175, 176, 179, 191, 192, 195-197, 198, 200, 201, 205
Graf, Oskar Maria (1894-1967) 137, 188, 189
Guilbeaux, Henri (1884-1938) 191
Gumbel, Emil Julius (1891-1966) 137, 139, 195

Haemmerli-Schindler, Theodor (1883-1944) 70, 178, 180, 182, 183
Hahn, Otto 131
Hardenberg, Henriette (1894-1993) 11, 125, 134, 136, 141, 142, 186, 187, 194
Hardenberg-Wolfenstein, Henriette: s. Hardenberg, Henriette
Hattingberg, Magda von (1883-1959) 142
Hausenstein, Wilhelm (1882-1957) 186
Héloise (1079-1142) 84
Hennebert, Marthe (1894-[nach 1957]) 38, 41, 42, 167, 168, 169

Henning *15, 145, 146*
Hennings, Emmy (1885-1948) *191*
Hesse, Hermann (1877-1962) *191*
Heydt, Karl von der (1858-1922) *143, 144*
Hölderlin, Friedrich (1770-1843) *35*
Hofer, Helene *168*
Hofmannsthal, Hugo von (1874-1929) *178*
Hotop, Else: s. Nevar Elya Maria
Huf, Fritz (1888-1970) *57, 173*
Huyn, May de *123, 171*

Jaloux, Edmond (1878-1949) *183*
Jammes, Francis (1868-1938) *13, 30, 84, 144, 157*
Jawlensky, Alexej (1864-1941) *30, 156*
Jouve, Pierre-Jean (1887-1976) *165, 191*
Joyce, James (1882-1941) *191*
Junghanns, Inga (1886-1962) *148, 149*
Junghanns, Rudolf R. (1884-1967) *148*

Kayser, Rudolf (1889-1964) *150*
Kessler, Harry Graf (1868-1937) *179, 191*
Kiepenheuer, Gustav (1880-1949) *35, 164, 201*
Kippenberg, Anton (1874-1950) *17, 19, 132, 141, 147, 153, 154, 159, 174, 177, 178, 183, 185, 186, 187, 189*
Kippenberg, Katharina (1876-1947) *17, 141, 143, 146, 147, 148, 149, 174, 183, 185, 187*
Klee, Lily *133, 186*
Klee, Paul (1879-1940) *88, 133, 186*
Klossowska, Baladine (1886-1969) *161, 163, 173, 174, 182, 200*
Kober, Alfred *177*
Koenig, Hertha (1884-1976) *187*
Kolb, Annette (1870-1967) *191*
Kra, Albert *164*
Kra, Suzanne *164*
Kühlmann, Richard von (1873-1948) *188*
Kurella, Alfred (1895-1975) *188*

Labé, Louise (um 1525-1566) *84*
Landowska, Wanda (1877-1959) *161*
Lang, Isaac = Goll, Yvan (Ivan, Iwan)
Lasker-Schüler, Else (1869-1945) *139, 187, 201*
Laurencin, Marie (1885-1956) *25, 26, 28, 29, 154, 155, 199*
Liebenthal, Ite *186*
Liebknecht, Karl (1871-1919) *139, 188*
Liebknecht, Sophie (Sonia) (1884-1964) *137, 188*
Liliane = Claire Goll-Studer

Lohmeyer, Walter *63*, *176*, *177*
Lüdecke, Henry *148*
Lurçat, Jean (1892-1966) *167*
Lurçat, Marthe: s. Hennebert, Marthe
Luxemburg, Rosa (1870-1919) *139*

Maeterlinck, Maurice (1862-1949) *10*, *11*, *141*, *142*, *196*
Magdeburg, Mechtild von *84*
M'Ahesa, Sent *186*
Mallarmé, Stéphane (1842-1898) *14*, *41*, *144*, *196*
Margerie, Jenny de *159*
Margerie, Pierre de *159*
Martin du Gard, Maurice *184*
Martinet, Marcel (1887-1944) *191*
Mayer, Bernhard (1866-1946) *30*, *156*, *157*
Merges-Knoth, Annekathrin *133*
Merline: s. Klossowska, Baladine
Mewes, Anni *138*, *186*
Meyer, Alfred Richard (1882-1956) *192*
Michelangelo: s. Buonarrotti, Michelangelo
Mirbach-Geldern, Marie-Therese Gräfin von (1883-1967) *200*
Mises, Richard von (1883-1953) *123*, *157*, *166*
Moltke, Detlef Graf von (1871-1944) *188*
Moodie, Alma (1900-1943) *168*, *174*, *183*

Morisse, Paul *148*
Moser, Henri *171*
Mühsam, Erich (1878-1934) *139*
Muther, Richard *140*

Nádherny von Borutin, Sidonie (1885-1950) *148*
Nevar, Elya Maria (Hotop, Else) (1898-) *134*, *137*, *186*, *189*, *190*
Nietzsche, Friedrich (1844-1900) *87*
Noailles, Anna de (1876-1933) *89*
Nölke, Gudi (1874-1947) *150*, *154*, *183*

Ouckama Knoop, Wera (1900-1919) *186*

Pfemfert, Franz (1879-1954) *132*, *190*, *195*
Philippe, Charles-Louis (1874-1909) *144*
Pinthus, Kurt (1886-1975) *191*
Prater, Donald *160*
Purrmann, Hans (1880-1966) *152*

Rathenau, Walther (1867-1922) *188*
Reinhart, Werner (1884-1951) *163*, *168*, *174*, *183*
Rheiner, Walter (1895-1925) *151*, *152*, *198*
Rilke, Ruth: s. Fritzsche-Rilke, Ruth

Rilke-Westhoff, Clara (1878-1954) *132*, *174*
Ringeisen, Max *168*
Rodin, Auguste (1840-1917) *10*, *87*, *90*, *140*, *141*, *163*, *196*
Rolland, Romain (1866-1944) *35*, *155*, *165*, *191*
Ronsin, Albert *125*, *162*, *163*, *166*, *180*
Rubiner, Ludwig (1881-1920) *30*, *156*, *191*

Sacchi, Filippo *168*
Sachs, Adrienne *136*
Sappho von Mytilene (um 600 v. Chr.) *84*
Schaer, Alfred *163*
Schickele, René (1883-1940) *190*
Schmidt, Rosa *9*, *137*, *138*
Schönberner, Franz *154*
Schuler, Alfred (1865-1923) *132*
Sizzo, Margot Gräfin *171*
Solms, Paul von *170*
Steiner, Herbert (1893-1966) *123*
Sternheim, Carl (1878-1942) *190*
Studer, Claire = Goll, Claire
Studer, Dorothea-Elisabeth (Doralies) *19*, *149*, *162*, *173*
Studer, Heinrich (1890-1961) *149*, *190*
Studer, Liliane = Goll, Claire
Swarts, William B. *185*

Tagger, Theodor (1891-1958) *195*

Thurn und Taxis, Fürst Alexander von (1851-1939) *174*
Thurn und Taxis-Hohenlohe, Fürstin Marie von (1855-1934) *87*, *135*, *159*, *167*, *168*, *174*, *185*, *187*, *204*
Toller, Ernst (1893-1939) *137*, *140*, *188*

Uexküll, Jacob von (1864-1944) *188*
Ullmann, Regina (1884-1961) *168*, *183*, *186*

Valéry, Paul (1871-1945) *89*, *161*, *174*, *178*, *179*, *181*, *183*
Velde, Henry van de (1863-1957) *147*
Vildrac, Charles (1882-1971) *12*, *24*, *29*, *142*, *151*, *152*
Vollmer, Hartmut *125*
Vollmoeller-Purrmann, Mathilde (1876-1943) *152*
Von der Mühll, Theodora *153*

W.[ätjen]-Laurencin, Marie: s. Laurencin, Marie
Wätjen-Laurencin, Marie: s. Laurencin, Marie
Weininger, Richard *176*, *177*
Wengler, Wilhelm *168*
Werefkin, Marianne (1860-1938) *30*, *133*, *156*
Werfel Franz (1890-1945) *190*
Westhoff, Helmut *174*
Whitman, Walt (1819-1892) *152*
Widmer, Auguste (1853-1939) *180*

Wiedemann, Barbara 125, 166
Wolfenstein, Alfred (1888-1945) 133, 134, 136, 137, 139, 141, 194
Wolff, Charles 67, 179
Wolff, Kurt (1887-1963) 139, 142, 187
Wunderly, Heinrich (1877-1926) 168
Wunderly-Volkart, Nanny (1878-1962) 163, 166, 167, 168, 170, 174, 175, 176, 177, 182, 183, 185, 203
Wydenbruck-Purtscher, Nora (1894-1959) 159

Zweig, Stefan (1881-1941) 190

Rainer Maria Rilke
im Insel Verlag
Eine Auswahl

Werke. Kommentierte Ausgabe in vier Bänden und einem Supplementband. Herausgegeben von Manfred Engel, Ulrich Fülleborn, Horst Nalewski, August Stahl. 4940 Seiten. Leinen; Supplementband herausgegeben von Manfred Engel und Dorothea Lauterbach

Sämtliche Werke in sieben Bänden. Herausgegeben vom Rilke-Archiv. In Verbindung mit Ruth Sieber-Rilke besorgt durch Ernst Zinn. Dünndruck-Ausgabe. 6892 Seiten. Leinen; Band 7 in Verbindung mit Hella Sieber-Rilke besorgt durch Walter Simon, Karin Wais und Ernst Zinn

Gesammelte Werke in neun Bänden. Mit Nachworten herausgegeben von Manfred Engel, Ulrich Fülleborn, Horst Nalewski und August Stahl. it 2816. 1648 Seiten
Auch einzeln lieferbar

Einzelausgaben

Ausgesetzt auf den Bergen des Herzens. Gedichte aus den Jahren 1906 bis 1926. it 98. 206 Seiten

Das Buch der Bilder. it 26. 117 Seiten

Duineser Elegien. Die Sonette an Orpheus. it 80. 89 Seiten

Erste Gedichte. Larenopfer. Traumgekrönt. Advent.
it 1090. 167 Seiten

Frühe Gedichte. it 878. 117 Seiten

Die Gedichte in einem Band. Leinen und it 2246. 1132 Seiten

Gedichte. Aus den Jahren 1902 bis 1917. Taschenbuchausgabe der 1931 als Privatdruck erschienenen Edition der Handschrift R. M. Rilkes. Illustriert von Max Slevogt. it 701. 236 Seiten

Neue Gedichte. Der neuen Gedichte anderer Teil. Mit einem Nachwort von Ulrich Fülleborn. it 2687. 102 Seiten

Das Stunden-Buch. Enthaltend die drei Bücher: Vom mönchischen Leben. Von der Pilgerschaft. Von der Armut und vom Tode. Pappband und it 2. 119 Seiten

Die Aufzeichnungen des Malte Laurids Brigge. Leinen, it 630 und it 2565. 230 Seiten

Die Erzählungen. Leinen und it 1717. 434 Seiten

Geschichten vom lieben Gott. Illustrationen von E. R. Weiß. it 43. 109 Seiten und it 2313. Großdruck. 158 Seiten

Die Letzten. Im Gespräch. Der Liebende. it 935. 76 Seiten

Zwei Prager Geschichten. Und ›Ein Prager Künstler‹. Mit Illustrationen von Emil Orlik. Herausgegeben von Josef Mühlberger. it 235. 149 Seiten

Auguste Rodin. Mit 96 Abbildungen. it 766. 143 Seiten

Briefe über Cézanne. Herausgegeben von Clara Rilke. Besorgt und mit einem Nachwort versehen von Heinrich Wiegand Petzet. Mit siebzehn farbigen Abbildungen. it 672. 140 Seiten

Worpswerde. Fritz Mackensen. Otto Modersohn. Fritz Overbeck. Hans am Ende. Heinrich Vogeler. Mit zahlreichen Farbtafeln und Abbildungen im Text. it 1011. 236 Seiten

Über moderne Malerei. Herausgegeben von Martina Krießbach-Thomasberger. Mit zahlreichen farbigen Abbildungen. it 2546. 180 Seiten

Die Liebenden. Die Liebe der Magdalena. Portugiesische Briefe: Die Briefe der Marianna Alcoforado. Die vierundzwanzig Sonette der Louïze Labé.
it 355. 94 Seiten und it 2366. Großdruck. 126 Seiten

Briefe und Tagebücher

Das Florenzer Tagebuch. Herausgegeben von Ruth Sieber-Rilke und Carl Sieber. it 1597. 116 Seiten

Rainer Maria Rilke / Lou Andreas-Salomé. Briefwechsel. Herausgegeben von Ernst Pfeiffer. it 1217. 647 Seiten

Rainer Maria Rilke. Briefwechsel mit Rolf von Ungern-Sternberg und weitere Dokumente zur Übertragung der »Stances« von Jean Moréas. Herausgegeben von Konrad Kratzsch und Vera Hauschild. 160 Seiten. Gebunden

Rainer Maria Rilke / Claire Goll. »Ich sehne mich sehr nach Deinen blauen Briefen«. Briefwechsel. Herausgegeben von Barbara Glauert-Hesse. it 2868. 215 Seiten

Sammlungen

»Hiersein ist herrlich«. Gedichte, Erzählungen, Briefe. Ausgewählt von Vera Hauschild. Mit einem Geleitwort von Siegfried Unseld. Mit Abbildungen. 240 Seiten. Leinen

In einem fremden Park. Gartengedichte. Zusammengestellt von Marianne Beuchert. Fotos von Marion Nickig.
IB 1129 und it 1820. 77 Seiten

Lektüre für Minuten. Gedanken aus seinen Büchern und Briefen. Ausgewählt von Ursula und Volker Michels.
191 Seiten. Gebunden und it 1879. 173 Seiten

Liebesgedichte. Ausgewählt von Vera Hauschild. Mit einem Nachwort von Siegfried Unseld. it 2823. 101 Seiten

Liebesgeschichten. Ausgewählt von Vera Hauschild.
it 2894. 120 Seiten

Rilke für Gestreßte. Ausgewählt von Vera Hauschild.
it 2191. 100 Seiten

Rilkes Landschaft. In Bildern von Regina Richter. Zu Gedichten von Rainer Maria Rilke. Mit einem Nachwort von Siegfried Unseld. it 588. 86 Seiten

Vom Alleinsein. Geschichten. Gedanken. Gedichte.
Herausgegeben von Franz-Heinrich Hackel.
it 1216. 149 Seiten

Weihnachten. Briefe. Gedichte und die Erzählung »Das Christkind«. Herausgegeben von Hella Sieber-Rilke.
it 2865. 120 Seiten

Reise nach Ägypten. Briefe, Gedichte, Notizen. Herausgegeben von Horst Nalewski. Mit zahlreichen Abbildungen.
it 2699. 176 Seiten

Mit Rilke durch die Provence. Herausgegeben von Irina Frowen. Mit farbigen Fotografien von Constantin Beyer.
it 2148. 126 Seiten

Rilke in Spanien. Gedichte, Briefe, Tagebücher. Herausgegeben von Eva Söllner. Mit farbigen Abbildungen.
it 1507. 165 Seiten

Biographien

Ralph Freedman. Rainer Maria Rilke. Übersetzt von Curdin Ebneter. Zwei Bände in Kassette. Auch einzeln lieferbar. Mit Abbildungen. Gebunden
- Erster Band: Der junge Dichter. 1875 – 1906. 460 Seiten
- Zweiter Band: Der Meister. 1906 – 1926. 650 Seiten

Zu Rainer Maria Rilke

Erinnerungen an Rainer Maria Rilke und Rilkes Mutter.
Von Hertha König. Mit Abbildungen. Herausgegeben von Joachim W. Storck. it 2697. 142 Seiten